6月からの学級経営

1年間崩れないクラスをつくるための戦略・戦術

須永 吉信
Sunaga Yoshinobu

明治図書

はじめに

はじめまして、須永吉信と申します。

私は地方都市の公立小学校に勤務する、大卒上がりの教職10年目、どの職場にもいるミドルリーダーに片足を突っ込んだ、いたって普通の青年教師です。

プライベートでは家庭をこよなく愛する子煩悩な32歳の家庭人であり、これまた普通の父親です。

附属小に勤めて研究したり、セミナーの講師に呼ばれて講座をしたり、各地を飛び回って勉強したり…ということはありません。

「なぜそんなヤツが本なんか書くのか」

とつっこみたくなると思いますが、そんな私だからこそ伝えられることがあると思っています。

はじめにはっきりと書きます。

今の学校は一部のスター教師、できる教師だけが燦然と輝くようではダメなのです。

強烈な一等星だけではなく、夜空を様々な星が彩り、夜空を賑わせるようでなくてはなりません。

画家は、様々な絵の具を見事に配置し、1つの美しい絵画を仕上げます。「絵具だけでこんなに美しい作品が描けるのか」と思うほどです。

教師もまた、お互いの個性を生かし、時にお互いをフォローし合い、協働性を発揮して、個々人では考えられないような1枚の絵―「学校」をつくり上げていく時代だと思います。

ところが、今の学校の現状はどうでしょうか。

未だに一部のできる教師―燦然と輝く一等星―にすがる、頼る、任せすぎてしまうことが多いのではないでしょうか。時には、そんな一等星が、他の星を焼き尽くしてしまうケースも見られます。

繰り返しになりますが、僕はどこにでもいる普通の教師です。

いえ、かつては普通以下の、五等星にも届かないダメ教師でした。多くの知り合いは「なんであいつが…」と怪訝に思うほどでしょう。

僕は、「できる教師」が当たり前に身につけていることはおろか、普通の教師が感覚的にできてしまうようなことも、一から学ばなくてはいけませんでした。

だからこそ、どん尻教師だった僕だからこそ、書けることがあるのです。

この本はあなたを一等星にはできません。

一等星になりたいのなら、同じく一等星が書いた他の有名な先生の本を読んでください。

しかし、私と同じく、日々の学級経営をどうしたらよいか悩んでいる先生には、きっとお役に立てるはずです。


「本の通りにはとてもじゃないけどできない！」

「本の通りに実行してもうまくいかない！」

「なぜそうするのか、どうしてそうするのか、いまいちよくわからない！」


私自身、何十、何百と本を読み、悩みながら実行に移してきたので、何度もこのような経験をしてきました。

このような経験を生かして、本書では1年間の学級経営の勘所を押さえるだけでなく、原理原則をなるべく明確にするよう心がけました。あなたの「なぜ」「どうして」にきっと答えられることと思います。

私は、志を同じくする若い世代の教師、いや日本中すべての教師に、「もっともっと元気になってほしい！」と心より願っています。

そのために自分のできることはなんでもしたい。

この本は、そのための「下地」です。

先生方の学級経営を支える「下地」になるつもりで書きました。どうぞ存分に踏みつけ、読み倒してくだされぱと思います。


「なるほど！　明日の学校がちょっと楽しみになったかも！」

本書にそのささやかなお手伝いができれば幸せに思います。

須永　吉信

２０１９年４月

もくじ
Contents

第1章 〝魔の「6月」〞がやって来た！ はじめての正念場を乗り切る戦略・戦術

第2章

2学期への架け橋をつくる「7・8月」充実の秋につなげる戦略・戦術

第3章 リスタートの「9月」は教師の腕の見せ所

学級再始動で意識したい戦略・戦術

第4章

創造性・協働性を高める「10・11・12月」マンネリを打破する〝攻め〟の戦略・戦術

第5章

学級の完成に向かう「1・2月」早足の3学期を失敗しないための戦略・戦術

第6章　感動・感謝・充実の「3月」子ども・保護者・教師を笑顔にする〝学級納め〟の戦略・戦術

第0章　とはいえ、やっぱり「4月」は大事だ

〝学級開き〟で打つべき7つの布石

1　安定した環境をつくる

「理想」と「現実」のギャップ

「みんなが笑顔で過ごせるような、いい学級をつくりたい」

そんな思いを強く抱いている先生が、きっと本書のような教育書を求めてくださるのでしょう。志をもっている教師は素敵です。それだけですばらしいと私は思います。

しかし、本を読めばすぐに、実践すればすぐに、理想の学級を実現できるか、というと、そうではありません。「本の通りにならない！」という経験はだれにでもあるでしょう。

なぜでしょうか。

それは、**「理想」と「現実」に大きなギャップがあるから**です。

例えば新社会人が「いつかは社長になりたい！」と理想に燃えて入社したとします。しかし、一般的に新入社員はいきなり社長業には携われません。

学級経営も同じです。理想の実現のために、はじめに身につけるべき力があります。それは**「安定した学級をつくる力」**です。

子どもたちが安心して過ごせる環境をつくる、これが最優先です。

マズローは、「欲求五段階説」で、欲求の階層を低次から「生理的欲求」「安全の欲求」「社会的欲求」「承認の欲求」「自己実現の欲求」と設定しています。これらのうち、学級経営においての理想論、実践の多くは「自己実現の欲求」「承認の欲求」を満足させるものです。多くの教師がここに憧れを抱きます。

しかし、あなたの学級はその前段階である「安全の欲求（安全な居場所の保障）」「社会的欲求（集団への所属意識）」を十分に満たすものでしょうか。

家庭・地域教育が十分に機能していた時代は、これらの欲求の満たし方を子どもたち自身が身につけており、ある程度は子どもたち自身で満たすことができていました。

しかし、今は違います。教師が指導者としてしっかりと満たさなくてはならなくなりました。新採教師の学級だけでなく、ベテラン教師の学級においても学級崩壊が頻発するようになったのは、この変化に気がついていないためではないかと思います。

それなのに、学級崩壊に打たれる手は「承認の欲求」「自己実現の欲求」を満たすような実践や研修ばかり…。

いかがでしょうか。

私もそのギャップに気づかずに、悩み苦しんだ1人です。

「理想」と「現実」のギャップに、まずは目を向けてみてください。

「なぜ（Why）」を問える教師に

うまくいっていないとき、もっと力をつけたいとき、「どのように（How）したらいいか」を求めたくなります。事実、力をつけるうえで「どのように（How）」を広く調べ、求めるのは有効です。

しかし、「どのように（How）」は単なる知識であり、ソフトに過ぎません。

例えば、いくらゲームのソフトをたくさんもっていても、本体（ハード）がなければゲームはできません。

自分自身を動かす原動力（ハード）は「なぜ（Why）」なのです。

そして、力を高めるのは「なぜ（Why）」を問うことです。

自分はなぜ教師になったのか。
自分はなぜよい学級をつくりたいと思っているのか。
…

「なぜ（Why）」の答えは感情論ではダメです。「…のような（例　恩師のような）」という抽象論もダメです。

答えを出すためには、読書、見聞、議論などの探究活動が必要です。深く思索し、試行していくことでしか、人間は成長できません。

本書は、そういった「なぜ（Why）」を問う手がかりとなるように、なるべく原理原則を示しながら書いています。

2 意識的にゆっくりテイクオフする

「黄金の3日間」という言葉は今や教育界の常識になりましたが、学級開きの最初の3日間は非常に重要です。

なんの計画もなく、行き当たりばったりで過ごすのはあまりにも無策です。

しかし同時に、この言葉が、

「3日間でシステムづくりをしてしまえばよいのだ」

「必要なことは3日間にすべてやっておくべきだ」

というような誤解も生んでいます。

そのため、「学級開きは○○と○○をすればいい！」というような、やることそのものが目的化した実践も横行しています。

本来は学級をしっかり観察し、

「○○は焦ってやる必要はないな」

「○○はこの子たちには合わないな」

と軌道修正していく必要があるはずです。

それに、実は「黄金の3日間」はだれが何をしてもうまくいってしまうものなのです。

現場経験のない大学生に任せても、ある程度うまくやってしまうでしょう。

それよりも、3日後から続いていく日々の方が圧倒的に重要です。


では、学級開きで一番重要なのは何か。

それはずばり**「観察（必要に応じて聴取）」**です。

戦略的には以下のように進めていきます。

・子どもたちの観察（一人ひとりの表情、反応、休み時間の行動、など）
・人間関係の観察（よく話す相手、グループの構成、など）
・学級全体の観察（雰囲気や特徴、どういったシステムで動いているか、など）

これらの観察を基に、まずは子どもたちの現状を把握しましょう。

そして、間違いのないシステムを構築していきます。**システムの構築には一つひとつのパーツが必要です。**

給食を例に考えてみましょう。

「給食当番は何分以内に準備するのか」

「当番以外の子は何をして待っているのか」

「当番以外の子のおしゃべりはどこまで許容するのか」

「どのグループから、どのように配膳台に並ぶのか」

「量を減らしたい子はどのタイミングで、どこまで減らすのか」

「『いただきます』の号令はだれがするのか」

「食事中のルール（静かに食べる時間等）はどうするのか」

「おかわりの時間やルールはどうするのか」

「片づけはグループか、それとも個人か」

これらのパーツが一つひとつ組み合わさって、「給食」というシステムが構築されます。

紙面の都合上制限しましたが、検討しておきたいことはもっとあります。

当然ですが、システムは1つではありません。「朝の準備」「朝の会」「休み時間」「各教科の授業」「昼休み」「掃除」…と数多くのシステムを構築しなくてはなりません。

無論、それぞれに無数のパーツが存在します。

そう考えると、学級開きの3日間でとりあえず「○○活動をすれば」「○○システムを導入すれば」という考え方では、1年間はおろか、6月までももたないのは明白です。

ですから、まずは「観察」なのです。

見るだけではなく、積極的に聞くこと（聴取）も「観察」と言えるでしょう。

例えば、給食の場合、私は4時間目に時間を取り、前学年の各クラスでどのようなルールで動いていたか、事細かに聞くようにしています。それらと自分のやり方と照らし合わせ、よく検討しながら、丁寧に丁寧にシステムを構築していきます。

私の師匠である山中伸之先生は「学級開きはゆっくりテイクオフ」を提唱しています。子どもたちの様子を見て関係を深めつつ、見通しをもって戦略的にシステムを構築していけば、長期的に見てそちらの方が有効です。

3　「1つのこと」で突破させる

学級の基盤の1つである「安全の欲求（安全な居場所の保障）」を満たすためにはどうすればよいのでしょうか。

道路を例に考えてみましょう。

交通量の多い危険な交差点があるとします。交差点を安全な環境にするためには、信号機を設置する必要があります。もし信号を守らない車が多ければ、指導員が出向いて交通整理をしなくてはいけません。

これを学級に当てはめてみます。交差点（学級生活）があります。年度はじめは信号機（ルール）がないので、車（子ども）が入り乱れています。

そこで教師は交差点に信号機を設置します。

しかし、車は思ったように信号を守らないので、指導員（教師）が出向いて誘導します。

1つの交差点なら誘導できますが、学級生活には無数の交差点が存在します。授業、給食、掃除…といたるところに交差点があり、信号機を設置するだけでもひと苦労です。そのうえ、交通指導などしている暇もなく、結局はだれも信号を守らず騒乱状態…。よく若手教師が陥ってしまう状態です。

では、肝心なことはなんでしょうか。

それは信号を守らせたという「指導の事実」ではありません。**信号は守らないといけないという「秩序の形成」**です。「秩序」は「安定」の基になり、多くの「安定」がやがて「安全（教室の安心感）」を形成していきます。

ですから、子どもたちに次のように宣言します。

「4月はたくさんのルールを決めて、それを守っていかなくてはいけません。しかし、先生はすべてのルールを守れているか、チェックすることは到底できません。ですから、**『○○』だけは、絶対に守るよう、厳しく見ます。**まずは完璧に『○○』ができるクラスを目指しましょう」

　教室移動は黙って行う。

休み時間は必ず守る。

○○（＝ルール）の選択は教師主導がよいでしょう。子どもに話し合わせてもよいですが、まだ学級として機能していない集団に決めさせるより、教師が決める方が無難です。

また、教師が決めることで、教師の覚悟や熱意を伝えることもできます。

ルールを選ぶうえで、２つの注意点があります。

・教師が直接見とることができる（評価できる）ルールであること
・毎日（できれば1日に何回も）見とる機会があるルールであること

第一に、守れたかどうか教師がひと目で評価できるルールでないといけません。

例えば「悪口を言わないようにしよう」「あいさつを10回以上しよう」「階段は静かに歩こう」では、本当に守れたかどうか教師は判断できません。子どもたちの自己評価に任せることになります。

また、これらでは評価までに長い時間を費やすため、子どもたちの意識も低下します。

子どもたちが行動したら、教師がすぐに評価できるルールを意識するとよいでしょう。

第二に、このルールは「安全の欲求」を満たすためのものです。「ルールを守る」という集団的な規範意識の構築が目的なので、毎日、頻繁に行われる習慣から選ぶと効果的です。「(月1回の)朝会を静かに聞こう」よりは「授業のはじめは静かに待とう」の方がよいでしょう。

最後に、ルールを決めたら、それを必ず守らせる必要があります。宣言したにもかかわらず、教師が曖昧にしてしまうと「先生の話は聞かなくていい」「ルールは守らなくていい」という暗黙知につながり、大きな逆効果になります。

「1つのことを絶対に守る」という経験が、やがては秩序になり、他の交差点へ波及していきます。1つの信号を徹底的に守れるようになれば、他の信号も自然と守れるようになるのです。

4 所属意識をもたせる

「社会的欲求（集団への所属意識）を満たす」と書くと、情緒的なつながりを想像される方も多いでしょう。

実際に、学級開きでは「ふわふわ言葉とちくちく言葉」や「友だちへのメッセージカード」などの実践がよく行われます。

このような実践も学級開きには大切なのですが、これらだけでは「承認欲求」は満たせても、「社会的欲求」を満たす（集団への所属意識をもたせる）ことはできません。「承認」と「所属意識」は別物です。

例えば、私たちが教師として学校に所属意識をもつのはどうしてでしょうか。

それは、私たちがやらなければならない仕事が明確に与えられ、それに使命感をもっているからです。

これが「あなたはとても優れた人です。でも、あなたの仕事は特にありません」と言われたらどうでしょうか。

承認欲求はある程度満たされるかもしれませんが、所属感は芽生えません。**所属意識をもたせるためには、「承認」の他に「集団への貢献」が欠かせない**のです。

そこで、学級開きで**「1人1役の当番」**を設定します。

そして、「その仕事がおろそかになるととても困る」「仕事をこなしてくれたことでみんなのためになった」と貢献による責任と承認を積極的に伝えましょう。

この「1人1役」はかなり厳密に設定します。

黒板当番なら1時間目に消す人、2時間目に消す人…、配り当番なら連絡帳を配る人、プリントを配る人…と、必ず1人1役になるように細分化します。

「黒板当番は3人で…」などとした瞬間に、責任の所在があいまいになります。

5 「待たない指導」を効果的に活用する

「安全の欲求」「社会的欲求」を押さえるポイントを書きました。

最後に意識したいのが「時間」です。

「方法」と「時間」は実践を回す両輪です。どちらかがうまく回らなくなると、たちまちクラッシュしてしまいます。

教師は方法論に熱心でも、それを行う「時間」の管理意識が低い傾向にあります。

特に、若手教師はとにかく待ってしまいます。

例えば「静かに並びましょう」と指示したとして、どのぐらい時間を確保するでしょうか。1分でしょうか。2分でしょうか。

それでは長すぎます。30秒が限度でしょう。

ところが、これを5分、ひどいと10分近く待ってしまうケースがあります。これでは方法は正しくても、結果は出ません。

では、指導の上手な教師がやれば短い時間で済むのか、と言うと、そうとも言えません。やはり5分かかるクラスでは5分かかるでしょう。

ただし、5分の使い方が違うのです。時間の使い方のうまい教師は待ちません。**30秒でダメならすぐにやり直しをさせます。**

すると、5分のうちに（やり直しの空白時間を考慮しても）5回はやり直すことができます。

5分のうち1回のエラーで終わってしまう場合と、5分のうちに5回のトライ&エラーを繰り返す場合では、どちらが効果的かは明白です。

このように、指導の上手な教師は時間の手綱をしっかりと握っています。決して主導権を子どもたちに渡しません（意図的に渡すことはありますが）。

さて、1日のうちで特に意識したい大切な「時間」があります。

それは朝です。

意外と「朝の過ごし方」をきちんと指導しているクラスは少ないものです。朝の活動は決まっていても、それまでの時間は自由なことが多いのです。

落ち着きのないクラスほど、朝は騒然としています。ランドセルを放り投げて追いかけっこをしている、提出物を出さない、ちょっとしたことで口論になる…と、1日がスムーズにスタートしません。

私のクラスでは、朝の過ごし方を以下のように決めています。

①あいさつをして入室。
②ランドセルから用具、教科書を出し、忘れ物がないかチェック。
③提出物を出し、係の仕事を行う。
④終わったら読書をして朝の活動を待つ。

当然、はじめからできるわけではありません。これもトライ&エラーの繰り返しです。**学級活動の時間などを確保して、実際にランドセルを背負い、教室に入るところから練習する**のです。

そして、素早くできるまで何度かやり直します。

一番よくないのが、口で伝えるだけ（方法を示すだけ）で終えてしまうことです。

「明日の朝は、用意が済んだら静かに読書をして待ちましょう」

このひと言だけで、本当にできるようになるのでしょうか。

40人近くいる集団が、全員できるようになるはずがありません。

また、

「どうして朝から騒いでるの！　明日の朝は静かに待ちなさい！」

といった叱責も、それで本当に明日の朝からできるようになるでしょうか。

このような場合は、注意する教師の側さえも、本当にできるようになるとは思っていないのではないでしょうか。

本当にできるようにさせたかったら、口で伝えるだけ、あるいは叱責だけでは効果はありません。具体的に行動させ、評価する必要があります。

1日の始まりである「朝の過ごし方」は極めて重要です。

落ち着いた学級ほど、朝の時間を意識しています。

6　日案ノートを作成する

学級経営に熱中し、事務仕事などそっちのけ…という時期は（特に若いうちは）だれにでもあるでしょう。

しかし、実は**「安定した学級経営は、安定した仕事から生まれるもの」**なのです。

例えば職人さん。

職人の仕事は、自営業の場合、物づくりだけではありません。営業や会計、環境整備、材料の発注など、様々な仕事が存在します。そういった仕事そっちのけでものづくりをしていては、どんなに腕がよくてもつくったものは売れません。

学級経営も事務仕事と密接に関係しています。どちらかだけをがんばればよい、とは言えないのです。

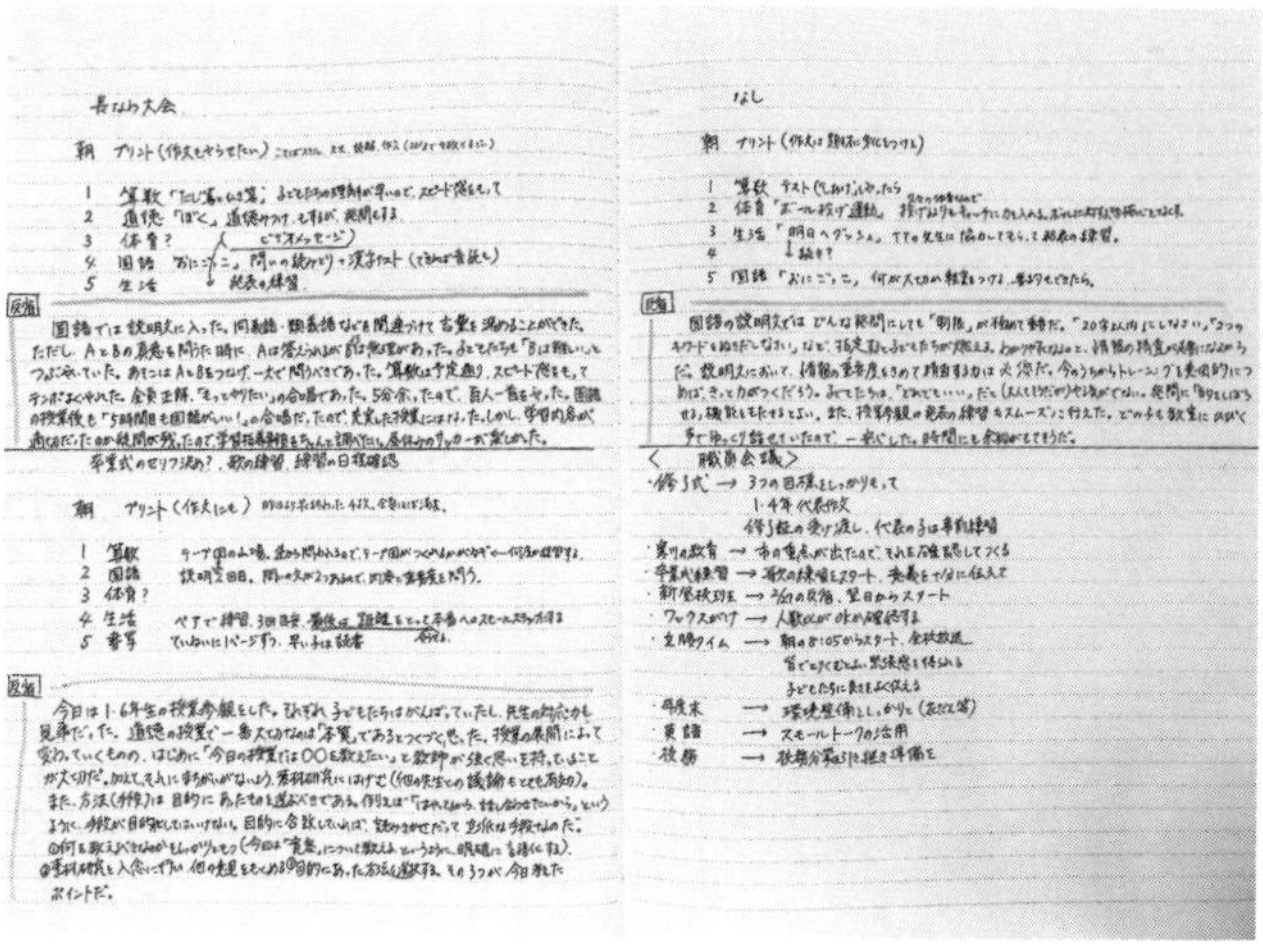

そこでおすすめなのが「日案」の作成です。ノートに朝の連絡、1日の予定、明日の連絡、反省を記載します。ここには「〇〇さんの代表作文をコピーして渡す」というような細かな用事もメモします。

週案だけでは1日の細かい仕事を把握しきれません。そこで手帳（備忘録）を使う先生もいますが、それでは欄が小さすぎて結局は書ききれないのです。私は日案を作成するようになってから、仕事の抜けが減りました。

私がお会いした若手の優秀な先生方の大半は、同様にノートを活用していました。**抜けのない仕事が信用につながり、信用は安定した学級経営につながっていきます。**

7　保護者の目線を意識する

一生懸命やっているのに、保護者によい印象をもってもらえていない。
学級開き直後の家庭訪問で、がっくりしてしまう。
私も、こういったことをたくさん経験してきました。
単なるウケねらいではいけませんが、保護者によい印象をもってもらうのは大切です。

4月において、保護者によい印象をもってもらうためのポイントは2つ。
それは「連絡帳」と「宿題」です。

まずは「連絡帳」。
4月の保護者と学級の接点は「子どもの話」「連絡帳」「宿題」「学級通信」くらいです。

ですから、連絡帳の字を丁寧に書かせるだけでも、印象はよくなります（だからといって、連絡帳だけ丁寧に書かせるのはよくありません）。

いずれにせよ、連絡帳は保護者とつながるための強力なツールです。**ことあるごとに「プラスワン」を心がけましょう。**

例えば「風邪で体育を見学させたい」と連絡があれば、ハンコを押すだけではなく「お大事にしてください」とひと言添えてみる。余裕があれば「体育の見学カードを熱心に書いていましたよ」とよかったことを加えてみる。時間にすれば30秒で済むことです。保護者の立場で考えても、体育を休ませる連絡をしただけのはずが、子どものよいところをほめられる言葉が返ってきて、思わぬ喜びを感じるはずです。

次に、宿題です。

宿題については先手を打ちます。**まずは学校で宿題をやらせてみる**のです。漢字練習だったら、20分ほど時間を取り、時間をかけて丁寧に書かせます。計算練習なら、定規を使い、計算と計算の間をしっかりあけさせ、答え合わせまでしっかりやらせます。

そして「宿題でも、これぐらい丁寧に書くんだよ。これらのルールが守れていない場合はやり直しだよ」と伝えます。

学校で実際にやらせておくと、口で伝えるよりもはるかに基準が明確になります。子どもたちも宿題をしっかりやるようになり、宿題を見る時間が短くなります。教師としても休み時間に子どもたちと触れ合う時間を確保できるわけです。

このように、教室の中の生活だけではなく、**「連絡帳」や「宿題」など、外の世界とのつながりに気を配ることで、結果として学級経営も充実していきます。**

第1章

〝魔の「6月」〟がやって来た！
はじめての正念場を乗り切る戦略・戦術

1　まずは6月の特徴を理解する

6月は、学級が軌道に乗るか否かの大きな分岐点です。6月で崩れてしまった学級は、その後の立て直しが非常に困難になります。2学期からはさらに崩れてしまい、たくさんの教師の支援が入って、なんとか1年を過ごす…といったパターンがほとんどです。

では、なぜ6月なのでしょうか。

- 4月の緊張感が薄れ、マンネリ化してくるから
- 教師、子どもたち同士のなれ合いが始まるから
- 雨の日や蒸し暑い日が多く、ストレスが溜まるから
- 運動会（春季）などの行事が終わり、目標を失うから

パッと思いつくだけでも、これだけあります。じっくり考えれば10、20と出てくるでしょう。冷静に考えてみれば、６月がかなり危ない時期であるのは明白です。

しかし、どうして教師はあまり危機感をもたないのでしょう。

「行事指導でなかなか手が回らない」

「仕事がまだまだ軌道に乗らず、それどころではない」

といろいろな声が聞こえてきそうですが、答えは１つです。

それは**「なんとかなってしまうから」**です。

虫歯があるとわかっていても、痛くなければなかなか病院に行かない人が多いように、６月はまだまだなんとかなってしまうから、**頭ではわかっていても行動に移せないことが多い**のです。

６月は小さなトラブルが頻発します。それは学級が崩れる予兆（サイン）です。それを痛み止め程度の対症療法でその場しのぎをすると、後々大変なことになってしまいます。

勝負は６月です。

しっかりと原因療法を施し、病根を絶つつもりで学級経営に臨みましょう。

2　子どもの前に教師の乱れを点検する

6月は前担任の魔法が解ける時期です。

4月当初とは違い、**学級はよくも悪くも担任から大きな影響を受けて動くようになります。**4月は客観的に担任を眺めていた子どもたちも、6月には担任の価値観で物事を考えたり、判断を下したりするようになります。

その他にも、担任の言動、仕草、習慣、すべてが子どもたちに影響するようになります。

「先生のカラーになってきたね」

「子どもたちのしゃべり方、（担任の先生に）そっくりよ」

なんて言われ始めるのもこの時期です。

ですから、**第一に見直さないといけないのは学級ではなく、教師自身**です。

いくつかチェック項目をあげてみます。

・服装が乱れていないか
・子どもたちの目を見て話しているか
・立ち姿勢は正しいか
・言葉づかいは丁寧か
・長話をしてないか
・ほめ方や叱り方は適切か
・子どもたちに声をかけているか
・休み時間や授業時間は守っているか
・目つきは穏やかか
・気になる口癖はないか
・声量は適当か
・ほめどころ、叱りどころは適当か
・感謝の言葉を伝えているか

これらの項目一つひとつに対して、「どうだったかな？」と思い浮かべるだけでも大きな効果があります。ぜひこの場で（簡単でいいので）思い浮かべてみてください。

6月は子どもたちだけではなく、教師も環境に慣れてきます。

まずは教師自身が日頃の行いをつぶさに見直し、気を引き締めましょう。

3 「小さな重大問題」に気づく

6月は「小さなトラブル」が頻発するだけではありません。

いわゆる「荒れの兆候」が見え始めます。

しかし、それは（前述のように）「なんとかなってしまう」小さな小さなほころびに過ぎません。多くの教師は見逃してしまいます。

例えば、子どもたちの提出物の出し方を思い返してみてください。

- 一言（お願いします）があるか、無言か
- 両手か、片手か
- 目を見て出すか、見ないか
- 教師に向けて出すか、そのままか

後者だからよい、きちんとしていればそれでよい、というわけではありません。「提出

の仕方」という小さな場面を切り取るだけでも、これほど多くの情報が得られるということです。ですから、**まずは「小さな重大問題に気づく目」を養うことが肝要**です。

- 話の聞き方
- 教師への、子どもたち間の言葉づかい
- プリントの受け取り方、渡し方
- 職員室の出入り
- 給食（配膳・食事中・片づけ）、掃除
- あいさつや返事の仕方
- 休み時間の過ごし方
- 移動教室時の整列
- 休み時間の過ごし方
- 朝の会や帰りの会、学級会

これらの一つひとつを思い浮かべて、細かく分析してみてください。

これらの問題点は「かくれた（ヒドゥン）カリキュラム（潜在的教育効果）」が大きく影響しています。システム的な問題点を改善するのも大切ですが、実は直接的に見えにくい部分が影響していることが多いのです。

ですから、**分析したら自分だけで判断せず、（若手のうちは特に）まわりの先生に積極的に相談し、客観的な意見を取り入れるようにしてください。**

4　場を整えることで心を整える

・机の配置がバラバラ
・掲示物が剥がれている
・ロッカーの上に荷物が散乱している
・教卓にはプリントが山積み
・床の上がゴミだらけ
・机の横に荷物がたくさんかかっている
・放課後カーテン、窓、電気がほったらかし

これらは、荒れ始めた学級に見られる共通点です。

「笑う門には福来る」という言葉があるように、「楽しいから笑う」のではなく「笑うから楽しい」ということもあり得ます。

教室環境も同じです。環境整備は学級の荒れの予防に大きな効果を発揮します。

よくベテランの先生に「教室をきれいに」とアドバイスを受けるのもこの時期ですが、「教室を見直しましょう」と言われて、いくつのことに気がつけるでしょうか。せいぜい10ぐらいかもしれません。**6月にもなると、自分の教室の風景に慣れきってしまい、見る目そのものがマヒしてしまっているから**です。

そんなときに役に立つのが**「（職員の）日直当番」**です。戸締り確認の名目で、普段気軽に入れない他の教室がフリーパスに。こんな学びの機会はありません。整った教室と比較してみると、自分の教室の問題点が驚くほど浮き彫りになります。

環境整備の行き届いた教室を見たら、管理方法や整頓方法を質問し、すぐに真似してみてください。

私の教室は凝った掲示物などはありませんが、よく「いつもきれいにしているね」と言われます。職員室の自席も同様です。基本的に、机の上には何も置いていません。

それは今まで環境整備の得意な先生に質問を繰り返し、実行に移してきたからです。特別な本は1冊も読んでいませんし、チェックリストなども使ったことはありません。

「比較」「質問」「実行」。

この3つさえ守れていれば、教室は瞬く間にきれいになります。

5　リーダーとして振る舞う

子どもとの距離感

6月は、子どもとの距離がぐっと近くなる時期です。そのため、4月には見られなかった子どもたちの発言や振る舞いに戸惑う先生も多いようです。

例えば、活動中に「先生、○○をとって」と言われたとしましょう。お互いに緊張感のある4月ならあまりない発言ですが、6月ならあり得ます。あなたならどう対処するでしょうか。

結論から言えば、「先生、○○をとって」と気軽に言われるような距離感は危険です。意図的ならばよいのですが、自覚がないのなら注意が必要です。

この場合は、「『とってください』ですよ。言い直しなさい」と言い直しをさせ、「先生にとってもらうのは失礼ですよ」とたしなめたいものです（優しく、穏やかに言います）。きちんとした距離感が保たれている学級ならこのような発言は基本的にありませんし、あったとしてもそれとなくまわりの友だちがたしなめてくれるはずです。

このような危険な距離感でのやりとりが目立ち始めるのが6月です。

子どもたちは「どこまで言っていいのかな」「どこまでやっていいのかな」と（無意識にせよ）様子を探っています。

特に、**経験の浅い教師はあっという間に距離を詰められて、気づいたころには騒乱状態になってしまうので注意が必要**です。

また、経験の浅い教師は子どもの多種多様な発言にどう対応してよいか混乱することも多いと思います。そんなときは、次のように自問してください。

「理想の先生なら、なんて答えるだろう？」

経験が浅いと、「素の自分で勝負しなくちゃ」と肩に力が入りがちです。

しかし、**「演技」も重要な教師のスキル**なのです。自分の理想の教師を思い浮かべ、「理想の先生ならどうするだろう？」と日々の言動を振り返るようにするとよいでしょう。

理想の教師を演じてみると、もしかしたら「○○先生の方がよかった」「先生は厳しすぎる」などと言われてしまうかもしれません。

でも、安心してください。口には出しませんが、多かれ少なかれ、同じようなことをどの教師も言われているものなのです。理想を高くもつのはよいことですが、そもそも、40人近い子どもたち全員に好かれるというのは異常事態です。

私がまだ駆け出しだったころ、師匠に「学級経営で大切なことはなんですか？」と質問したことがあります。師匠はその問いにきっぱりと、**「私は、20年後の子どもたちに責任をもつつもりで誠心誠意やっている」**と答えてくださいました。

「いい教師」になりたいと思ってはいたものの、授業の腕前や子どもたちの人気取りばかりに執着していた私は、大きなショックを受けました。

基本的に、教師は子どもたちとの距離を縮め、親しくなるのが理想です。しかし、同時に大事なことをしっかり教えられる教師でなくてはいけません。家の人も、「多少厳しくても、しっかり教えてくれる教師」を望んでいるはずです。

目先の関係、目先の理想、目先の人気取りにとらわれず、真の理想像に一歩でも近づけるよう、まわりの声に常に耳を傾けながら、地道に研鑽を積んでいくべきです。

教室の緊張感と言葉

6月に荒れ始める指標として、「子どもとの距離感」の他に「教室の緊張感」があげられます。

荒れるクラスには緊張感がありません。

あまりにも教師が厳しすぎて、子どもたちが委縮しきっているようでは考えものですが、よい学級には、必ず心地よい緊張感があります。

中でも意識したいのが**「言葉の緊張感」**です。

若いときは特に、「なんでも言える間柄」に憧れを抱くものですが、それは決して「なんでも言っていい間柄」ではありません。

後者の学級は、見た目は明るく和気あいあいとしているように見えても、トラブルが絶えません。言葉の無法地帯で、相手を慮る気持ち、節操がないからです。

まずは教室の言葉に敏感になりましょう。

不適切な発言を「子どもだから」とついつい流してしまいがちですが、凛とした指導を心がけたいものです。

6　自分の「ほめる」「しかる」を見つめ直す

多くの職場で、4月から「ほめて伸ばそう」と言われていると思います。確かに4月はほめて、ほめて、ほめまくって学級経営を軌道に乗せていくことが可能です。

しかし、実際問題として、1年間ほめるだけで学級経営が可能でしょうか。

私はそんな学級は見たことがありません。また、仮にあったとしても、一度も指導する（しかる、注意する）必要がない学級というのは、どこか不気味です。

子どもたちは、成長するために学校に来ているのですから、ほめられてしかられて、その中で考えたり協力したりして、たくましく育っていくのが理想でしょう。

たとえ少しくらい6月に指導（注意や叱責など）が増えたとしても、それは自然です。「しかってばかりいるな…」と落ち込むことはありません。

大切なのは「量」ではなく「質」です。**「しかって『ばかり（量）』いるな」と反省する**

教師はあっても、「しかり方はよかったか（方法）」「しかるべきことだったのか（価値）」と指導の質（本質）を省察する教師はわずかです。

一方で、ほめることはどうでしょう。こちらも「『もっと（量）』ほめてあげなきゃな…」と考えてはいないでしょうか。

その前に、「子どもたちはどんなところを見てほしいのか」「どんなほめ方だと喜ぶだろうか」と「質」に考えを巡らせるべきなのです。

ただ、「しかる」「ほめる」のバランスに注目するのは大切なことです。人には**「欠点さがしの本能」が備わっているからです。**

人は当たり前にできていることはほめないのに、当たり前にできていないとしかります。例えば「毎晩早く寝る」けれども「毎朝寝坊する」子がいたとします。こうしたことが続くと、「早く寝る」行為はいずれほめられなくなり、「寝坊する」行為はしぶとくしかられ続けます。

人は簡単にほめなくなり、しぶとくしかり続ける、という性質が本能的にあるわけです。それを自覚するためにも、**「しかる」「ほめる」のバランスを見るのは大切**です。

7　瞬発力のある指導をする

「○○してはいけませんよ」
「○○なんて言ってはいけませんよ」

4月には瞬発的に言えた言葉が、6月になるとなかなか言いにくくなることがあります。それは人間関係が成熟してくるからです。「あの子は○○だから…」「まぁこれくらいは許容範囲だろう…」「口うるさくはしたくない…」という「情」が働くのです。

学級の子どもたちとよい関係をつくりたいと思っているが故ですが、これは同時に馴れ合いの助長でもあります。

その自覚がないと、ズルズルとよからぬ方向に進んでしまいます。

人間関係が構築されるこの時期だからこそ「ほめるところはほめ」「しかるところはしかる」けじめが必要です。

また、経験の浅い教師は子どもたちへの切り返し方が未熟です。ベテランの教師との経験差が大きく出てくるのもこの時期です。

ですから、「まぁ仕方ないだろう」と流さずに、**気になったことはメモし、まわりの先生に相談しましょう。**小さければ小さいほど後々役に立ちます。

例えば私は「子どもたち同士の物の貸し借り」などの小さなことをメモして、放課後に質問していました。

小さな事案でも「連絡帳に忘れたものはメモさせる」「いつまでに用意できるか決めさせる」「貸し借りは先生に断ってからする」「なるべく先生が貸せるように予備を用意する」…とたくさんのアドバイスをもらったことがノートには記されています。

こういう小さな積み重ねが財産になっていきます。

瞬発的な指導力は、集団としてまとまりのない4月に必要なイメージがありますが、6月こそ正念場です。

小事であってもうやむやにせずに、きちっと対処する。対処できなかったところは必ず相談し、うやむやにしないよう心がける。

「小事は大事」と心得ましょう。

8 言葉に責任をもつ、もたせる

「しゃべったらやり直しですよ（無言でやりなさい）」

とよく教師は言います。例えば、朝会で体育館に行くとき。教室を出たときは静かでしたが、体育館の直前で後ろの方でおしゃべりをしてしまったとします。

こんなとき、「やり直す」と宣言したにもかかわらず、注意のみで（または注意もなく）終わってしまってはいないでしょうか。

「そんなことをしたら朝会に間に合わなくなる」という声が聞こえてきそうですが、やり直せないのなら、どうしてそのような指示をしたのでしょうか。

2、3回はやり直す覚悟で時間を確保しなかったことに、そもそも問題があります。

私が同様の指示を出す場合、必ずやり直しを想定して時間を確保します。**確保できない場合、やり直せないのだからこのような指示は出しません。**

それがリーダー（指示を出す者）としての最低限のマナーだからです。

このような場面は山のように見かけます。すべての言葉に責任をもつのは不可能だとしても、こういう「無責任発言」があまりにも多いことに教師はほとんど無自覚です。

子どもたちも同様です。例えば、急に時間割を変更せざるをえないとき。

「えーっ！　体育じゃないと、やらないもんね！」

と、子どもたちはよく言います。お決まりのシーンです。

笑顔で対処するのも1つの手でしょう。説得するのも1つの手でしょう。

しかし、根本としては間違っています。急な都合により致し方なく変更をするのです。

「じゃあどうするのですか？（代案を示しなさい）」

「どうしても嫌ならばやらなくても結構ですよ。それでいいですか？」

と子どもたちに発言の責任をとらせる（問う）べきです。

子どもたちが本気で言っていないのは百も承知です。

しかし、このような「甘えの構造」は早い段階で打破しておく必要があります。

言葉の責任が軽くなってくる6月だからこそ、教師も子どもたちも、もっと言葉に誠実に向き合わなければいけません。

9 最後までしゃべらせる

「先生、定規」

「そう（忘れたの）。じゃあ貸してあげるから、とっていいよ」

これも、よく教室で見られるやりとりです。

この言葉のやりとりのまずさにピーンときた方の教室は、言葉に敏感です。

ここでは、次のようなやりとりがなされるべきです。

「先生、定規を忘れてしまいました。ごめんなさい（すみませんでした）。先生の定規を貸してくれませんか（いただけませんか）。」

「じゃあ、貸してあげるから棚からとりなさい」

「ありがとうございます」

このように**「謝罪」「依頼」「感謝」は最低限、自分の口から言わせるべき**です。余裕があれば、「理由（なぜ忘れたか）」「今後（次はどうするか）」を話させるとよいでしょう。**ポイントは「自分で話させる」こと**です。

察してあげるのも教師の役割の1つですが、多くの教師が「理解してあげ過ぎ」です。特別な理由がない限り、大抵のことは自分の言葉で説明させるべきです。

この問題を放置しておくと、ますます子どもたちは受動的になっていきます。「はい」と返事をせずにうなずくだけ、黙ってものを突き出すだけ。**6月にもなると「わかってもらえて当たり前」がすっかり板についてしまいます。**

自分の言葉で説明できる力は極めて重要です。例えば、廊下を走る、忘れ物をする、友だちとちょっとした口論をするなどの、学校で起こる小さなトラブル。

ひと言「○○でやってしまいました。ごめんなさい」と言うことができれば丸く収まることが、いくつあるでしょうか。重大問題を除けば、私はほぼ100％だと思います。

ところが、多くの子どもが自分から説明せずに、黙り込んでしまいます。子どもがしゃべらないものだから、教師も引っ込みがつかなくなり、お説教が長引く…。

これらが繰り返し続くと、教師も子どもたちも疲れ切ってしまいます。

ここでも「小事は大事」です。自分の言葉で説明できる子どもたちを育てたいものです。

10 「小さなトラブル備忘録」をつくる

「先生、○○君が悪口を言ってきます！」

という訴えがあったとします。しかし、行事前で教室はバタバタ。

「後で聞くね」

と生返事をしたものの、行事が終わったらすっかり忘れてしまった。なんてことはないでしょうか。

もちろん、日々の子どもたちの訴えは無数にあるので、すべてに的確に対処することはできません。私自身、耳の痛い話です。

しかし、**「対処できない」のと「忘れてしまう」のでは大きく異なります。**忘れていなければ、帰りのときなどに「大丈夫だった？」と声をかけられます。

この「声かけ」の有無は非常に重要です。実は、子どもたちの訴えは「大丈夫だった？」と声をかけるだけで解決するものがほとんどです。

たいていのトラブルは「先生はいつも見てくれている（気にかけてくれている）」という安心感や勇気づけで自己解決できるからです。

一方、忘れてしまう場合は、小さなことであったとしても、その分信頼を失います。

「あの先生はあてにならない」と子どもたちが感じ始めたとき、教室は安定感を失います。

小さなトラブルを忘れないコツは、その場で書き留めることです。

私はポケットに付箋紙とボールペンを必ず携帯しています。伝票ばさみなども便利です。そこにささっとメモしておくようにすると忘れません。

メモは落としてもいいように詳細は書きません。

例えば、「〇〇君が悪口を言われたらしい」という場合は、「〇〇さん」とだけ書いておきます。そうすれば、校内でメモを紛失する分には問題がないからです。

私は小さなトラブルだけではなく、子どもたちのしたよいこと、うれしかったことなども頻繁にメモしています。

それらが指導の記録や所見に役に立つのは言うまでもありません。

どんなに小さなことも書き留めておく癖をつけておくと便利です。

11　「すぐできる、簡単、楽しい」遊びを取り入れる

「10分」がなかなかとれない

6月になると、マンネリ感に輪をかけて雨の日も多くなり、子どもたちのストレスが溜まってきます。

「ちょっと気分転換に遊びたいなあ…」と思っても、「自習」などの時間がとれた昔とは違い、今の学校のスケジュールはかなりタイトです。授業にも行事にも追われ、やっとの毎日…が実情です。

「遊び」などのアクティビティを入れたいと思っても、多くが10分以上の時間を要します。「10分時間があるなら別のことをしたい…」というのが現場の本音です。私もその手のアクティビティ本をたくさんもっていますが、多くはほこりをかぶっています。

超短時間でできる遊びを使いこなす

そこで発想の転換です。

10分が難しいなら、1分でやればいいのです。**実際には1分以上かかるのですが、「1分でできそうだ」と思えるだけでハードルが下がります。**

5つ紹介します。

●両手で指相撲

片手ではなくて両手でやります。慣れ親しんだ遊びでも、ルールを変えるだけで盛り上がります。

●たい、たこゲーム

お互いの手を近づけます（次ページの写真参照）。

「たこ」「たい」に分かれます。

「たこ！」と言われたら、「たこ」は「たい」の手をつかみます。

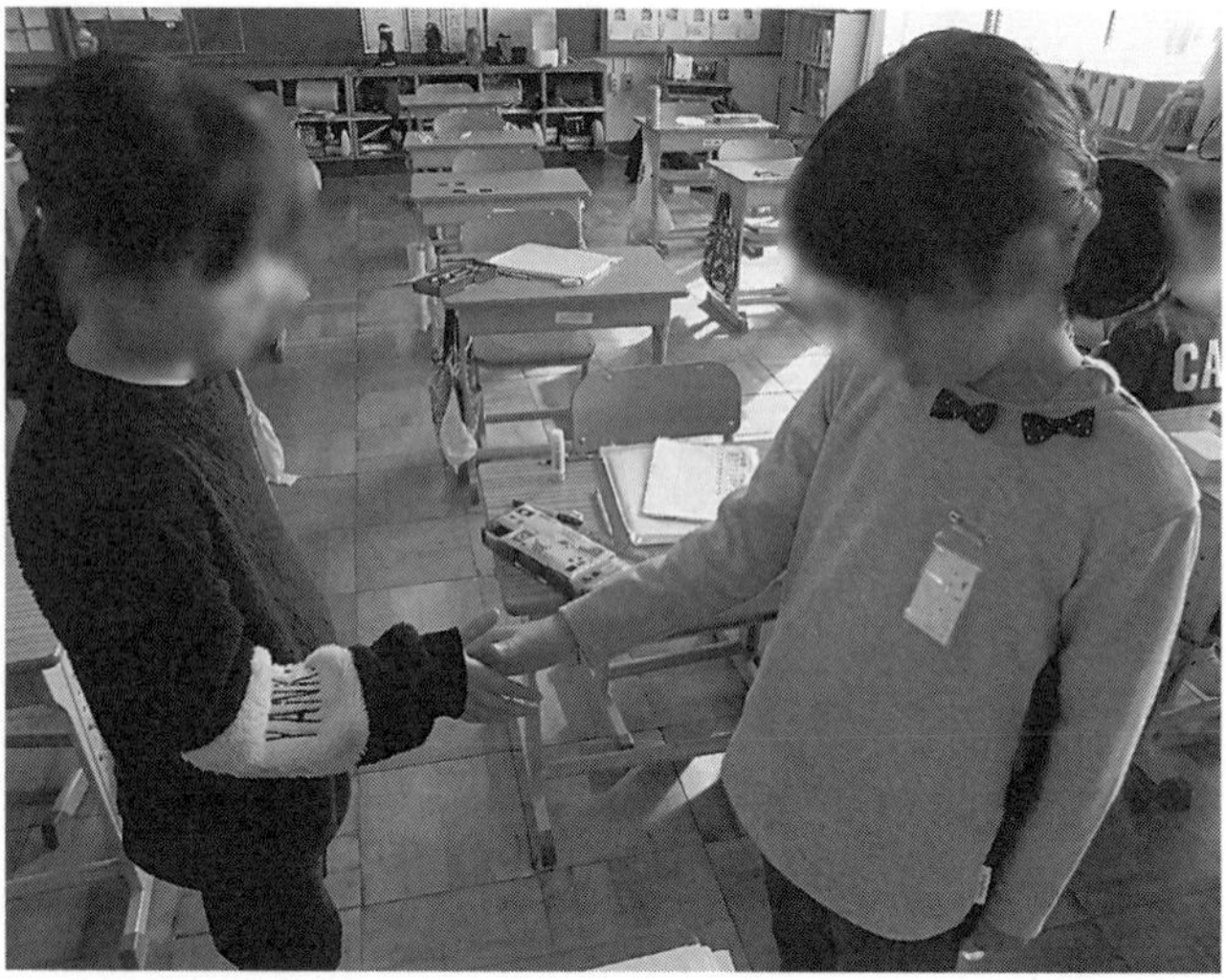

「たい」はつかまれないように逃げます。（「たい！」と言われたらその逆）
「たらこ！」などのフェイントを入れると盛り上がります。

●連続こっちむいてほい

指相撲と同じく、「あっちむいてほい」の改変版です。指さす方を連続で（3回～5回）向いたら成功。同じ方を向く分、親和性が高まります。

●脳内テレパシー

背中合わせで座り、後頭部を合わせます。1から5の数字を念じ、テレパシーを送ります。数字が合えばシンクロ成功です（1～5

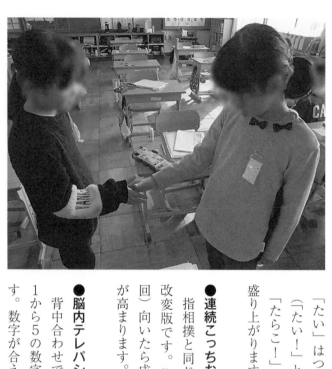

なので結構そろいます）。

●かぶって仲良し

ペアを組み、教師の質問に「せーの」で同時に答えます。例えば、「好きな色は？」「せーの、赤！」など。かぶったら1ポイントです。5～10ほど質問を用意しておくとよいでしょう。4人グループ、または「かぶっちゃダメよ」にしてもおもしろいです。

ちょっと時間をかけて楽しむ遊びを使いこなす

雨の日の昼休みなどは、比較的遊びの時間が長くとれます。雨の日の多い6月はチャンスです。**いつもは外に飛び出してしまう子も、外に出ないで中で遊んでいる子も、「雨」という制約が働いて全員教室にいるから**です。

これを「チャンス」と捉え、ぜひとも生かしたいものです。

簡単にできて、なおかつコミュニケーションがとれるアクティビティを3つ紹介します。

●ジェスチャーゲーム

写真のように、お題をジェスチャーで伝え、解答者に当ててもらう遊びです。言葉が使えないので伝わったときの感動は一入です。「犬」「野球」などの簡単なところから、「洗濯機」「宿題」「桃太郎」などに難易度を上げていくと盛り上がります。

●みんなでお絵かきゲーム

黒板にお題（キャラクターのイラスト等）を貼ります。それを見ながらグループで「目」「鼻」「口」…と一人ひとり順番にかき、絵を仕上げる遊びです。慣れてきたらイラストを見せずに、お題を口頭で伝えるとより想像力が広がって盛り上がります。

●音の鳴る方へゲーム

解答者を1人選び、廊下に出てもらいます。教室に残った子どもたちと課題を決めます。課題が決まったら、解答者に教室に入ってもらいます。課題が「（解答者が）窓の鍵を開ける」ならば、解答者が正解の方向に進んだ（行動をとった）ときだけ拍手をします。「○○さんと握手をする」などの課題にしてもおもしろいです。

12　安定した授業に軌道修正する❶
傍観者をつくらない

「このときのごんの気持ちをノートに書きましょう」

「（数分後）では、どんな気持ちでしょう?」

数名が手をあげ、教師は指名する。どの教室にも見られるありふれた場面です。

ここで1つ聞きます。挙手をした数名以外の大多数は、何をしていますか?

きっと大半がノートを書いていない、少し書いて上の空（発表を聞かず）、ではないでしょうか。人の意見を「なるほど」と聞けるような子はたいていが挙手をするからです。

この時点で、学級の3分の2程度が傍観者になっているはずです。発問、指示が2回、3回と繰り返されたら、どうなるかは自ずと明らかです。

私なら次のように指示します。

「このときのごんの気持ちをノートに書きましょう」

「（数分後）まだ書いていない人は手をあげなさい」

「1列目起立（前から順番に発言させる、板書）」

「（板書を指しながら）『うれしい気持ち』の人は手をあげなさい。『〇〇気持ちの』人は手をあげなさい。…（意見の数だけ繰り返す）」

「（それぞれ人数を数え、板書し）これら以外を書いた人はいますか？　立ちなさい」

「（発言を板書し、同意見の数を数え）全員、どこかの意見には属しましたね。では理由を書きなさい」


違いがおわかりいただけたでしょうか。

後者は**「まだ書いていない人は挙手」「同意見の人は挙手」などの作業を入れ、常に全員参加を保障しています。**

授業に参加している子ばかりを相手にしていると、いつしか「参加したい子だけ参加すればいい授業」になってしまいます。

この他にも「Aに賛成か、Bに賛成か」「〇か×か」「どれに近いか」などを絶えず問い、挙手させるなど、傍観者をつくらない工夫が授業には必要です。

13　安定した授業に軌道修正する❷
時間管理を徹底する

「あと少しで電車が出てしまいますよ」

と言われるのと、

「あと2分で電車が出てしまいますよ」

と言われるのでは緊張感が違います。

「2分で間に合うのか」「2分で間に合うにはどのルートを通るべきか」…と、脳は具体的な思考を始めます。授業も同じです。

「ノートに書きましょう」

と言われるのと、

「3分でノートに書きましょう」

と言われるのでは、子どもたちの取り組み方が違ってきます。

メリハリのある授業に時間制限は欠かせません。

よい授業には必ず「3分で書きましょう」「5分で話し合いましょう」などの制限時間の指示があります。

実は、ここからが肝心です。

電車は「後2分」なら本当に2分後に出発します。

しかし、教師の設ける時間設定はどうでしょうか。

「3分」と言いながら、平気で5分、6分と過ぎる。

ストップウォッチを使わずに、分針を見てだいたいで計ってしまう。

そもそも、時間で計っていない。

こんなことが多くはないでしょうか。これでは制限時間を設けても意味がありません。

3分でノートに書かせるのならば、3分をストップウォッチで正確に計り、

「まだ書かない人は立ちなさい（手を挙げなさい）」

などと指示し、毅然と対応するべきです。

終わりがきちんと示されていなければ、人は動きません。

安定した授業をするうえで、**分単位の時間のマネジメントは必須**です。

14 安定した授業に軌道修正する❸ 指名の仕方を工夫する

私は授業の技術の多くを国語授業の名人・野口芳宏先生に学んでいますが、今でも鮮明に覚えているひと言があります。

「授業で『はい、はい』と手をあげさせるでしょう。教師はそれを指名する。けれども、手をあげている子に発言させても仕方ないのです。だって、手をあげている子はわかっているんだから。

こういうときは、**手をあげてない子をどうするかが重要なんですね**」

「挙手→指名」しか考えたことがなかった私にとって、衝撃的な言葉でした。

また、野口先生は**「挙手→指名だけが発言の方法ではない」**とおっしゃっています。表情、動作、ノート、すべてがその子の表現活動につながっているわけです。

このときから、私は様々な指名の方法を授業に取り入れるようになりました。

・列指名
・ノート指名（机間巡視で発言者を決める）
・表情、動作指名（表情や動作の変化を見とって発表を促す）
その他、「自信のない人から発言してみよう」「ペアの人がいいことを書いていたら代弁してあげよう」など、「はい、はい」と挙手しない子たちの思いや考えを表出させようと、様々な工夫をするようになりました。

安定した授業は「全員参加」が基本です。

指名の方法は「挙手→指名」のみ、と画一的な手法に頼っていては、それに合わない子たちは次第に淘汰されてしまいます。

15 安定した授業に軌道修正する❹ メモを生かしてノート指導をする

体育では、一人ひとりの運動量の確保が重要視されます。研究授業では1人の子どもに観察者がついて、ストップウォッチで運動量を計ることもあります。

では、国語や算数の授業はどうでしょうか。

例えば国語の授業で1人10秒発表したとします。30人学級だとして、残りの29名全員が真剣に聞いていれば、聞き手は「聞く」という活動をしていることになりますから、学級の活動量は、

30人（話し手1名＋聞き手29名）×10秒＝３００

となります。

もし、30人中、９人しか真剣に聞いていないのだとしたら、

10人（話し手1名＋聞き手９名）×10秒＝１００

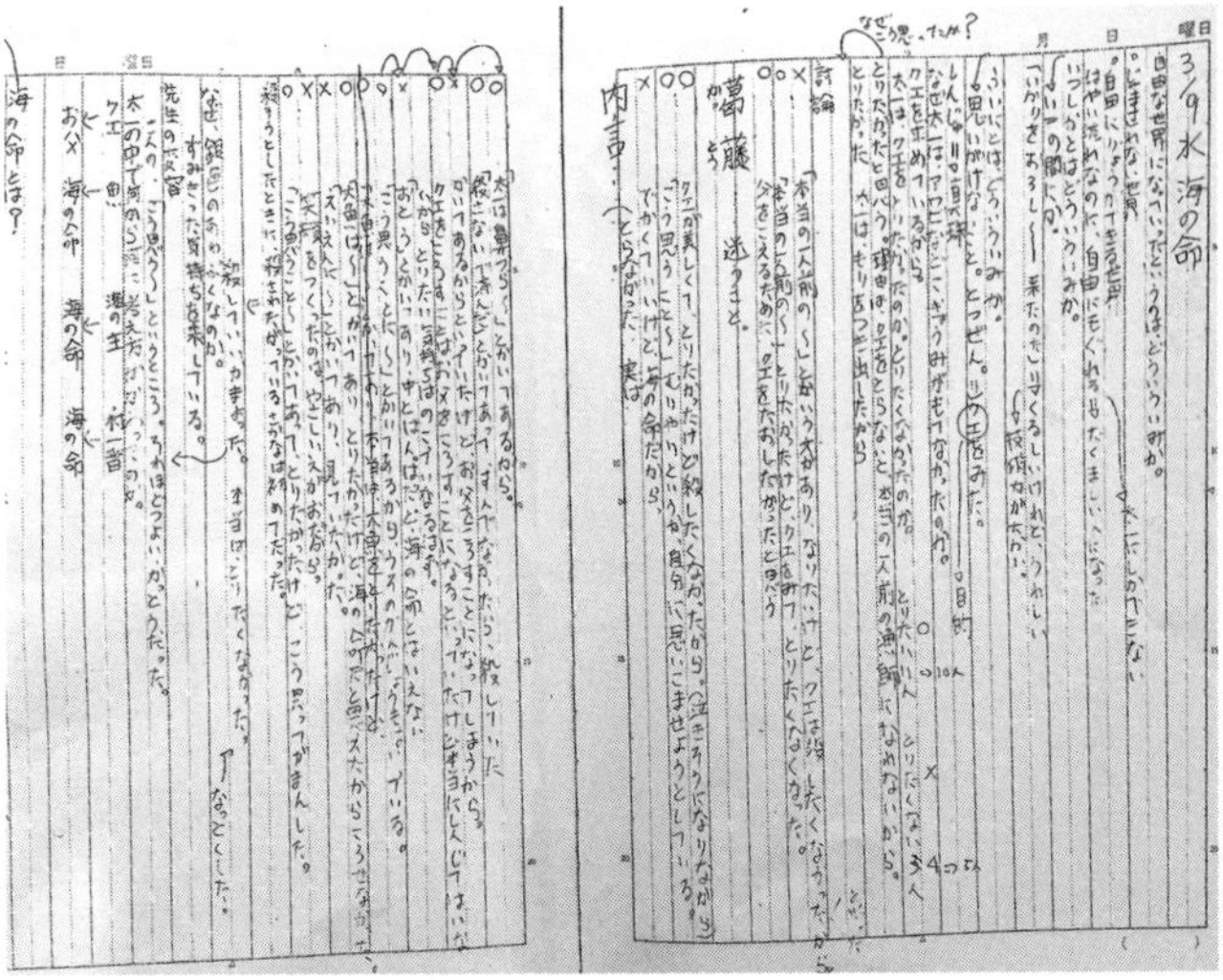

の活動量に落ちます。

実は１人の発言者より、残りの29名がどうしているかの方がよほど重要なのです。

しかし、ちゃんと聞いているかどうかは見かけだけでは判断できません。

そこで有効なのが「メモ」です。

写真は「海の命」の授業ノートです。ノートには「だれが（写真では消しています）」「どんな発言をし」「それに対して自分は賛成か反対か（〇×）」明快にメモされています。

はじめは、「〇〇さん　リンゴが好き」のように、ひと言でもよいのです。メモを上手に活用できるようになると、子どもたちの活動量がぐんと伸びます。

16　安定した授業に軌道修正する❺
発問を正確に、明確に示す

「大造じいさんとガン」の授業で次のように発問したとします。

「大造じいさんが、ハヤブサと闘った残雪にかけよった場面があるでしょ。大造じいさんと残雪が対峙したシーンね。そのときの大造じいさんはどんな気持ちだった？」

さて、どこかしっくりこない感じがしませんか？

どこがしっくりこないのでしょう。

ぜひ、もう一度読み直してみてください。

この発問は、言葉が揺らいでいます。これでは「残雪にかけよったときの心情」なのか、

「残雪と対峙したときの心情」なのか、はっきりしません。

故に、子どもたちの発言も少しずつつぶれてきます。一方、どうして子どもたちが趣旨に沿って答えてくれないのか、教師は自覚がないので気づけません。


「教師は、自分のことばを自分の耳で聞けるようになれば一人前だ（青木幹勇）」といいます。発問は文章のように正確に言えるようにならなくてはいけません。

また、気をつけなくてはいけないのは、言葉の揺らぎだけではありません。

例えば、詩の情景を読み取る授業。

「詩を想像して、何が思い浮かんだ？」

こんな曖昧な聞き方をしていませんか？　導入の場面ならわかりますが、中心発問がこのようでは考えものです。

ここでは、

「詩を想像して思い浮かんだものを、3つ以上ノートに書きなさい」

というように、
・何を（詩を想像して思い浮かんだものを）
・どのぐらい（3つ以上）

・どうする（ノートに書く）

のかを明確に示さなくてはいけません。

まずは教師が正確・明確に言葉を伝えられなければ、授業は安定しません。

自分が今何をしゃべっているのか、常に意識するようにしましょう。

第2章　2学期への架け橋をつくる「7・8月」

充実の秋につなげる戦略・戦術

1　ゆとりをもって1学期を締めくくる

「あ、来週は海の日だ！」

終わっていない単元テストを机に並べ、「なんとか1学期は終わりそう」と安堵してカレンダーを見ると、1学期の最後には「海の日」があることに気がつく…。

このときの焦燥は今でも鮮明に思い出します。子どもたちと約束していたお楽しみ会ができなくなり、子どもたちをひどく落胆させてしまったからです。

学期末のスケジュール管理は重要です。特に経験の浅いうちは、**1か月前（6月末）には学期末に向けて、具体的に予定を立てていく必要があります。**

まず、年間指導計画、教科書を基に、あとどれぐらい時数が必要か、教科ごとに調べます。**それぞれの教科で2〜3時間余裕がもてるとベスト**です。また、教え残しがないように既習部分を再チェックします。

次に、単元テスト、学習プリント、ドリルなど、購入した教材をすべて確認します。学期末によく「朝からプリントを5枚やって、単元テストを3枚やって、宿題にドリルを5ページ出して…」という教室があります。

特に、保護者との信頼関係ができていない1学期にそのようなことをしてしまうと、致命的です。大きく信頼を損ないます。

1か月前なら、たとえ進度が遅れていても、ペース配分が決められ、タスクを分散できます。計画を立てることでノルマ意識も生まれます。

学期末を締めくくる実践やお楽しみ会などのイベントに取り組みたいと思う教師は多いでしょう。

実は、それらのカギを握るのは「ゆとり」なのです。**「ゆとり」がないところに充実した活動は生まれません。**

「学期末は○○をしたい！」という情熱のある教師こそ、「ゆとり」を生み出す戦略をまずは心がけてください。

2　ポイントを押さえた夏休みの宿題指導をする

1学期末に「ゆとり」を生み出すのにはもう1つ理由があります。それは「夏休みの宿題指導」を充実させるためです。夏休みの宿題は種類が多く、手のかかるものばかりです。

入念に事前指導しましょう。

●夏休みのドリル

「1ページ解く→丸つけ→間違い直し」と実際に数ページやらせます。口で説明するよりも「やり方」の定着率が段違いに上がります。

●作文

「はじめ・なか・おわり」でプロットを立てさせます。どんなことを書きたいか大まかに書かせ、簡単なアドバイスをしておきましょう。「何を書いたらいいかわからない！」と保護者を悩ませる子がいなくなります。

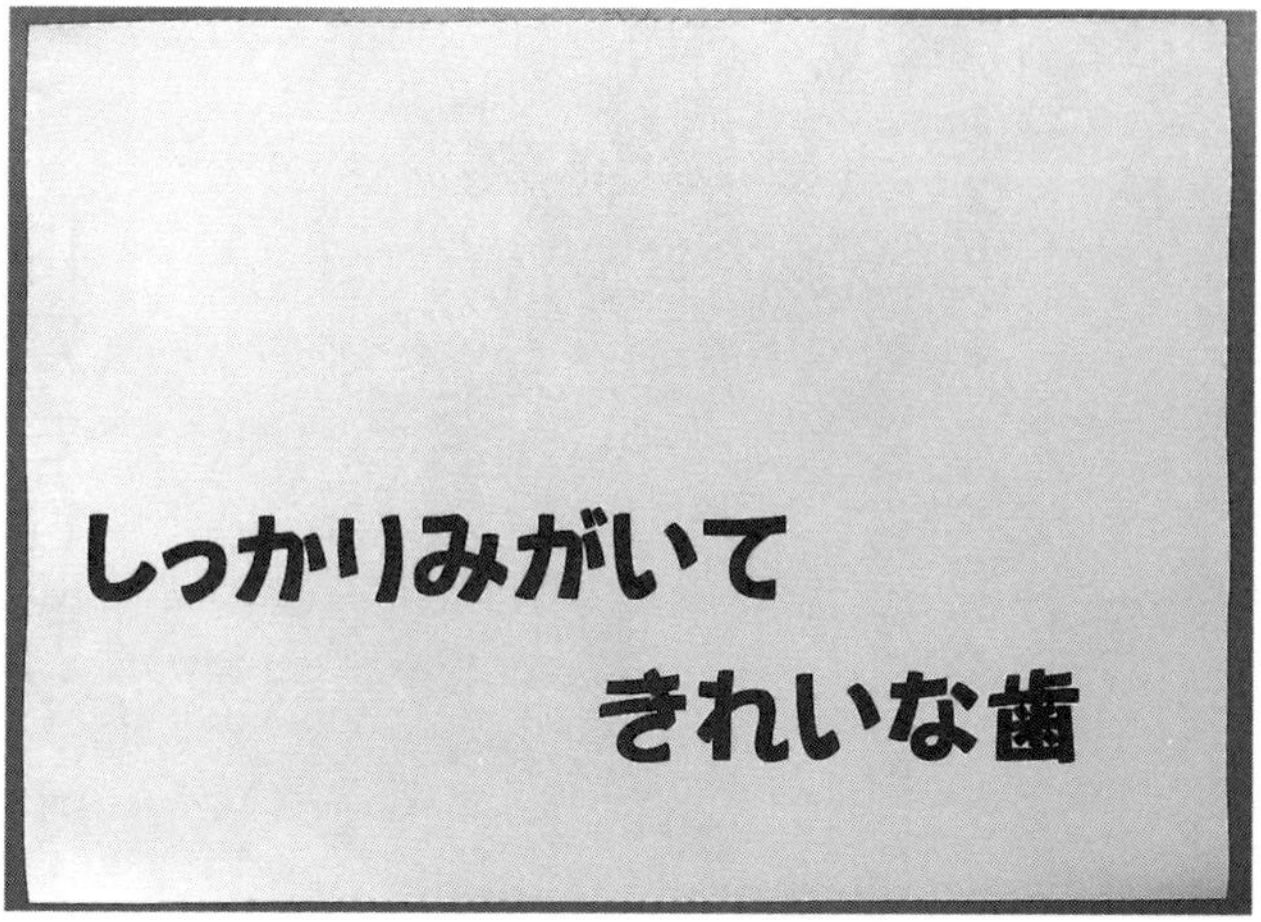

●ポスター

写真のように、ポスターに入れたい言葉を印刷し、紙の上から鉛筆で強くなぞらせ画用紙に写します。できれば大まかな下描きもさせましょう（おやま教育サークル・松島氏の実践）。

●自由研究、旅行記、絵日記等

これらはお手本として優秀作品を紹介し、取組のポイントを説明します。よい作品を見せるのが一番効果的だからです（毎年、優秀作品をコピーしてストックしておきます）。

これらの指導は発達段階によって変わりますが、事前指導をしっかりしておくと、保護者からの信頼も得られます。学校で出す課題なのですから、「出すだけ出して後は家庭に丸投げ」にしないようにしましょう。

3　はがき作戦で子どもたちへアプローチする

「気になる子には始業式前に連絡を入れておきましょう」とよく言われます。長期休み明けに学校に足を運ぶのは想像以上に辛いことですから、気になる子へのアプローチは必要です。

しかし、長期休み明けが辛いのは「気になる子」だけではありません。全員同じです。「どうしてあの子が」と思うような子が突然休むことも十分にあり得ます。

ここでは**「気になる子」に特別に連絡を取りつつ、全員になんらかのアプローチをするのがベスト**です。

そこで便利なのが「残暑見舞い」です。**「暑中見舞い」ではなく、「残暑見舞い」なのがポイント**です。

子どもたちの不安が高まる夏休み最終週に届くように出します。

次のような工夫をするとよいでしょう。

①「学校に元気に来ることが第一です。宿題が終わっていなくても、安心して来てくださいね」と励ましのコメントを入れる。
②ビンゴの枠を書いておき、始業式にやると明記する。ビンゴの景品に、夏休み中の旅行のお土産を渡す。
③1人1文字キーワードを書いておき、学級全員の文字を出席番号順につなげると文章になると明記する。

このように、学校に来るのが楽しみになるような励ましの残暑見舞いを出すと、子どもたちの不安もいくらか解消されます。

4　2学期に向けた新しい戦略を構築する

夏休みの後半は研修も少なくなり、まとまった休みが取れるでしょう。

ギリギリまで休んでいたいのが正直なところかもしれませんが、（出勤日を除く）2日前にはスイッチをオンにして、2学期に備えましょう。

教材研究で1日。

学級経営で1日。

その間に当面の事務仕事を先取りして済ませておくのが理想です。

学期はじめは次から次へと仕事が舞い込んできます。ここでも大切なのは「ゆとり」です。

さて、年度はじめ、多くの先生が作成したであろう「学級経営案（計画）」には、学期ごとの戦略が具体的に明記されているでしょうか。

2学期は「1学期の繰り返し」ではないのです。

学習内容（ソフト）が変わっても、戦略（ハード）が変わらなければ、所詮それは1学期の焼き直しに過ぎません。ここを多くの教師が誤解しています。

例えば学習形態。

私は1学期に「発表の練習」や「話し合いの練習」といった、基礎能力向上の活動を多く取り入れています。

まずは「1人できちんと発表できる」「複数人での会話に参加できる」という個人の能力の底上げに重点を置いているからです。

1学期に培った基礎基本を生かし、2学期は討論や問題解決学習、学び合い等を授業に導入していきます。

1学期と2学期では学習形態が変わるので、当然授業のやり方も変えていきます。1学期は一斉授業が中心ですが、（高学年の場合）3学期は自主学習、協働学習が中心で、私の出番はほとんどありません。

このように、1年間を見通した学期ごとの戦略をきちんと立てていれば、1学期と同じやり方で授業をするなんてことは考えられないのです。

何を目指すのか、そのために何を変えて（または変えないで）いくべきなのか、具体的な戦略を立てて2学期に臨みましょう。

第3章　リスタートの「9月」は教師の腕の見せ所

学級再始動で意識したい戦略・戦術

1　2学期は教師の覚悟が問われる

1学期のはじめの3日間を「黄金の3日間」と呼ぶように、2学期のはじめの3日間は「銀の3日間」と呼ばれています（3学期は「銅の3日間」）。

有名な呼び方ですが、なぜ2学期は「銀」なのでしょう。

それは、子どもたちにとって2学期は「1学期の続き」でしかないからです。久しぶりの学校に多少心を弾ませることはあっても、4月特有のワクワク感、期待感はありません。子どもたちは1学期と何も変わらずに、学校に来るのです。

ですから、1学期の問題点やつまずきに対して無策のままで臨むと、あっという間に1学期の状態に戻り、さらに悪化して取り返しのつかない事態に陥ってしまいます。

「新学期は新しい気持ちで」とよく教師は言いますが、そんな言葉は方便でしかないのです。言葉にしたからといって、教師が気持ちを入れ替えたからといって、そう簡単にリセットなどされません。

教室のリーダーとして必要なのは、言葉ではなく、

「新しい気持ちで臨めるようにするための『策』」

「よりよい2学期にするための『策』」

といった具体的な指針（策）なのです。

ただでさえ、2学期は様々なことがマンネリ化しやすい時期です。学級経営がうまくいっていると思っていても、中だるみはやってきます。

ですから、

「現状維持は緩やかな衰退である」

と心得ましょう。1学期と同じようにやっていては、成長するどころか、1学期よりも衰退してしまうのが2学期なのです。

2学期は1年間のうちで最も長い学期です。だからこそ、子どもたちが一番成長する学期でもあります。

2学期が1学期の焼き直しにならないよう、入念に準備をして臨みましょう。

2 ガミガミクラスへ進まないために

「先生、トイレに行ってもいいですか」

と、授業中に子どもが3人も4人も訴える教室があります。中には「あっ、ぼくも」「私も行っておきたい」と、ついでのようにトイレに行くケース、ひどいときは無断で何人も教室を出ていってしまうケースもあります。

こう書くと「早めになんとかするべきじゃないか」と思うかもしれませんが、毎日毎日教室にいると感覚がマヒし、気にならなくなってしまうものなのです。

この手の問題を放置していると、やがて許容の限度を超え、集団としてどうにも機能しなくなってきます。この段階になると、教師も「これはまずい！」と慌て始め、叱責が増えます。

しかし、0の状態であった1学期とは違い、いくら「なぜ○○するんだ！」「○○してはダメだ！」と叱責したところで、子どもたちは簡単にはそこから抜け出せません。頭では理解していても、身体はすでに悪い方向に躾けられてしまっているからです。**身体に染みついた習慣はなかなか変えられません。**

そして、ますます叱責が増えていく…。典型的な負のスパイラルです。

こういうとき、いくらDo（行動）を強制しようとしてもうまくはいきません。それなのに教師が子どもたちと同じレベルでDoにばかり執着したらどうなるでしょうか。

大切なのは、Doを支えるBe（在り方・価値観）を変えることです。

なぜ授業中の離席（退室）がよくないのか、上辺のきれいごとではなく、教師が自ら真剣に考え、子どもたちに熱意をもって語りましょう。

そして、子どもたちはどう思っているのか、本音を聞き、話し合いましょう。

2学期は、教師の指示通り動いていればよかった1学期と同じようにはいきません。ガミガミと指示されないと動けない受動的集団のままか、自分たちで考えて協力できる能動的集団になっていくか。

学年末の姿は、2学期のBe（価値観）の形成にかかっています。

3 原理原則を見つめ直す

では、「価値観を形成する」ためには、何をすればよいのでしょうか。

ここで1つ質問しますが、あなたはなぜ「あいさつはした方がよい」のか、しっかり説明できますか？　また、「あいさつはされるよりも自分から」「あいさつは笑顔で明るく」と言われますが、それはなぜか説明できますか？

感覚ではダメです。多くの人が「なるほどそうか」と思えるような説明ができるでしょうか。教師は当たり前のように「あいさつをしなさい」とDo（行動）を指導しますが、Be（原理原則）を説明できる教師は稀です。

このBeにしっかりと応えていくのが、教師としての本来の仕事ではないかと私は思います。

教師は「あいさつ」というたった1つの生活指導においても、その作法の成り立ち、歴史、語源などを調べ、原理原則を徹底的に見つめ直すべきなのです。**教師自らが調べ、考え、疑い、悩みながらも見いだしたものでなければ、子どもの心には響きません。**

余談ですが、私が駆け出しのころ、「給食の残菜」が問題になったことがありました。会議では「各教室で給食の残菜を減らす努力をするように」と結論づけられたのですが、私は「本当にそうか？」と疑問をもちました。

それから私は、給食関連の書籍はもちろん、給食指導と学級経営の関連、給食の歴史、世界の給食など、様々に調べ、若手やベテランの先生と議論を重ねました。まわりの先生から見れば、少々迷惑な存在だったかもしれません。

当時の私の結論は「残菜は減らした方がよいが、食べることを強制するべきではない」というありきたりなものでしたが、子どもたちへの説得力は明らかに違いました。

教室の問題点や習慣について、まずは教師自身が原理原則を見つめ直す。

そこで培われた価値観だからこそ、子どもたちに響くのです。

4 大事な話はもう一度する

野口芳宏先生の有名な実践の1つに、「しかられ方の作法」を教える授業があります。しかられたときにどうすればよいのか、どんなことを心がけるべきなのか、「受容・反省・謝罪・改善・感謝」の5つの観点から考えさせる授業です。

私は年に一度は必ずこの授業をするのですが、サークルの仲間は各学期に1回は必ず授業する、と言います。つまり、同じ授業を年3回です。

子ども（大人もそうですが）は一度話したくらいではすぐに忘れてしまいます。よい話、よい授業は繰り返し行うべきです。祖父母から何度も聞かされた昔話を忘れないのと同じで、繰り返し伝えることで、心に染み込んでいきます。

ところが、教室で同じ話をすると、

「先生、その話は前に聞きました！」

と言う子がいます。

すると、教師はそこで尻込みしてしまい、話をやめてしまいがちです。

よい話・よい授業は、何度聞いてもよいものなのです。よいものはよい。心に響いた小説を繰り返し読むのと同じです。

お説教くさくなってしまってはいけませんが、「時間を守る大切さを実感した話」や「親切が身に染みたときの話」など、**自分が「いいな」「これだ！」と思ったエピソードは積極的に語りたい**ものです。

そして、それを何度も何度も繰り返して聞かせましょう。

「先生、次は〇〇ですよね？」

と子どもが話を先取りするくらいがちょうどよいと思います。

授業も同様です。

1学期に終えた授業であっても、必要ならばもう一度やってもよいのです。授業の場合は少し変化をつけられるとよいですが、そのままでも構いません。

キーワードは「大事なことは繰り返し」です。「同じ話をしてもいいんだ」と思うと、教師自身も心が少し軽くなるのではないでしょうか。

5　習慣を一つひとつ見直す

「毎日の積み重ねがキサマらを弱くする！」

これは、私の好きな漫画『はじめの一歩』の鴨川会長の言葉です。

また、次のような話もあります。

「今日の努力を1とする。次の日から（前日の）1・01倍の努力を1年間続けると、元の約38倍になる。しかし、0・99倍を1年間続けると、元の約0・03倍になる」

これは複利計算の有名な法則ですが、0・02の差が1年後にはここまでになるのです。

例えば、朝の会で取り組んでいる音読や歌。

これを0・99で続けたとしたら…。

説明は不要ですね。

もちろん、これは複利計算なので数字に限った話です。

しかし、鴨川会長の言葉にもあるように、「毎日の積み重ねがマイナス方向に働くケース」があるのは事実です。

教室で毎日取り組んでいることは山ほどあります。起立・礼、整列、あいさつ、発表、ノート、漢字練習、計算練習…。

教師は「とにかく毎日やることが大切だ」と思いがちですが、**「0・99になるのならばやめた方がいい」という目をもって、日常を見返してみることも大切**です。

また、教師の指示も同様です。

「話は目を見て聞きなさい」

と指示したとします。4月は全員、しっかりと教師の目を見つめることでしょう。

しかし2学期の今、同じ指示をして、どのくらいの子が教師の目を見つめるでしょうか。

これが「0・99の積み重ね」の結果なのです。

そして、**それらはやがて教室の市民権を得て、「教師の指示は別に聞かなくてもいい」という負のアドバンテージに変わっていきます。**

2学期は1年で一番長い学期です。日々の細かな習慣が一番響いてくる学期です。

ぜひ新しい目で日々の習慣を点検してみてください。

6 BeingとDoingを使い分ける

触ればもめごと、食い違えばケンカ…。

1学期からトラブルばかり起こす子がいたとします。1日3～4回の指導は当たり前。時には他のクラスや下級生ともめごとを起こして、振り回されることも日常茶飯事。

2学期になると、さすがに振り回されることに疲れて、

「またケンカしたの？　どうしてそれぐらいで怒っちゃうのよ…？　それぐらい我慢しないとダメよ。わがままよ。もっと優しくならないと！」

と指導に否定的な言葉が増えてしまいがちです。

誤解を招かないようにあらかじめ言っておきますが、悪いことをしたらきちんと指導するべきです。

問題なのは、否定的な言葉の「対象」です。

先ほどBeとDoの話をしましたが、コーチングでは、在り方・行動はBeing・Doingと呼ばれます。

何度も何度も同じ行為を繰り返したり、指導しても改善が見られなかったりすると、教師はついついBeingを否定してしまいがちです。**Beingは人間性や性格、人格そのものなので、そこを否定するのは存在否定と同じ**です。

この場面では「そんなことで怒る性格が悪い」「我慢できないダメな人間」「わがままな性格」「優しさの欠けた人格」…と、Beingを否定する言葉がほとんどを占めています。

このようなときは、Doingをしかりつつも、Beingは受容するのがよいのです。

ここでは、

「ケンカをした（Doing）のは悪い。反省してほしい。しかし、嫌なことがあって怒ってしまう気持ち（Being）はわかるよ。先生もそういうときあるから」

とBeing（ここではその子の感情）を受け入れる姿勢が必要です。

特に、**高学年の女子に対しては、このような共感の姿勢が不可欠**です。DoingもBeingも否定してしまっては、何も解決しません。子どもたちとの距離が近くなる2学期だからこそ、BeingとDoingの使い分けを意識しましょう。

7 「空気」をコントロールする

山本七平の『「空気」の研究』は、日本の社会を影で支配する「(場の) 空気」を論理的に紐解いた名著中の名著ですが、山本七平は「論理的判断をこえて『空気』が物事を決定する」というようなことを、本書で繰り返し述べています。

(特に日本の社会において)「空気を読む力」は重要な能力です。指導者においては必要不可欠の能力と言っても過言ではありません。バラエティ番組で雛壇芸人をまとめるMCを想像するとわかりやすいでしょうか。

教室は、ほぼ「空気」によって支配されています。

例えば、いじめ。暴力、暴言、悪口、影口という具体的なアクションをだれも起こしていないにもかかわらず、教室の「空気」が強烈にだれかを傷つけている。

例えば、無気力感。学習態度もよい、基本的生活習慣も身についている、人間関係も良好、なんの問題もみられないにもかかわらず、教室の「空気」が静かに荒れを醸成している。

ところが、多くの教師は目の前の現象にしか対処しようとしません。悪口を言った「から」指導する、やる気のない行動をとった「から」指導する、といったことです。

例えば、教室で全体をしかったとき。黙って真剣に聞いているように見えても、「空気」は完全にしらーっとしていることがあります。

しかること自体はなんら悪くありません。しかし、**その場の「空気」を感じ取れれば、伝わるように熱を込めたり、子どもたちの考えを聞いたりと次の手を打てます。**

「空気」ですから、客観的な意見も非常に役に立ちます。副担任の先生、ＴＴの先生など、「空気」を共にしている先生に積極的に聞いてみるとよいでしょう。

難しく考えずに、

「最近の子どもたち、どんな雰囲気ですか？」

と聞けばよいと思います。

集団が形成されてくる２学期は「ハウツー」よりも「（場の）空気を読む力」の方が重要になってきます。目に見えない部分を見抜く意識をもちたいものです。

8　子どもの見方を変える

「○○さんはしっかり屋さん」「○○くんはムードメーカー」…と、2学期になると子どもたちの見方が固定されてしまいがちです。

教師も人間である以上、ある程度は仕方ないのですが、**2学期は子どもたちの「別の顔」を積極的に見つけると、理解の幅が広がります。**

私のおすすめは「いいこと見つけ」です。

●「いいこと見つけ」のやり方

・期間を決める（3日間、1週間等、短期集中で臨む）
・付箋（または小さなメモ帳）とペンを携帯する
・いいことを見つけたら、さっとメモする（例「Mさん　あいさつ元気」）

・余裕があれば思ったこともメモする

写真のように、放課後にメモを見ながら名簿に記述していきます。

ポイントは「全員書けなくてもよい」ということです。どうしてもすべて埋めたくなってしまう、または埋められない自分に自己嫌悪を抱いてしまうと続きません。これは、「○○さんをよく見てなかった。明日からよく見よう！」というチャンスであると捉えると気が楽になります。

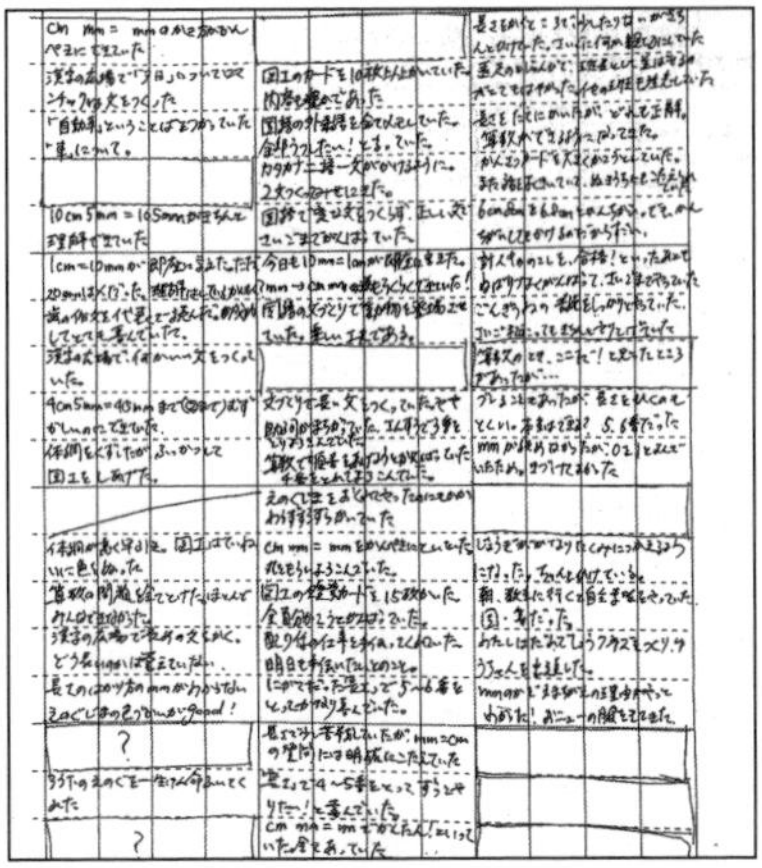

また、**期限を設けるのも大事なポイント**です。この手の実践はいろいろなところで紹介されていますが、多くの実践者が1年間やり通す形で紹介しています。

しかし、やってみるとわかるのですが、1年間休まず続けるのはかなり大変です。休みなく続けることは、私には無理でした。そのため、よいことをしているはずなのに、続けられない自分にさらなる劣等感を抱くこともありました。

ですから、私と似たタイプの方は、期限をあらかじめ設けるとよいかもしれません。

9　横のつながりを深める

小さなトラブルが頻発するクラスと、安定したクラスの差はどこにあるのでしょうか。

「安定したクラスはトラブルが少ない」と考えがちですが、「安定したクラスはトラブルにならない」というのが正確な表現です。**小さなトラブルは、どの教室にも等しく起こっているの**です。

では、その差は何に起因しているか。

それはずばり、**子どもたちの「横のつながり」**です。

例えば、AさんがBさんに文句を言ったとします。

横のつながりがしっかりしているクラスでは、Bさんは「Aさんのことはよく知っている。だからAさんの気持ちもわかるよな」という前提で相手の話が聞けます。

文句を言ったAさんも「Bさんのことはよく知っている。だから嫌われちゃうかもしれ

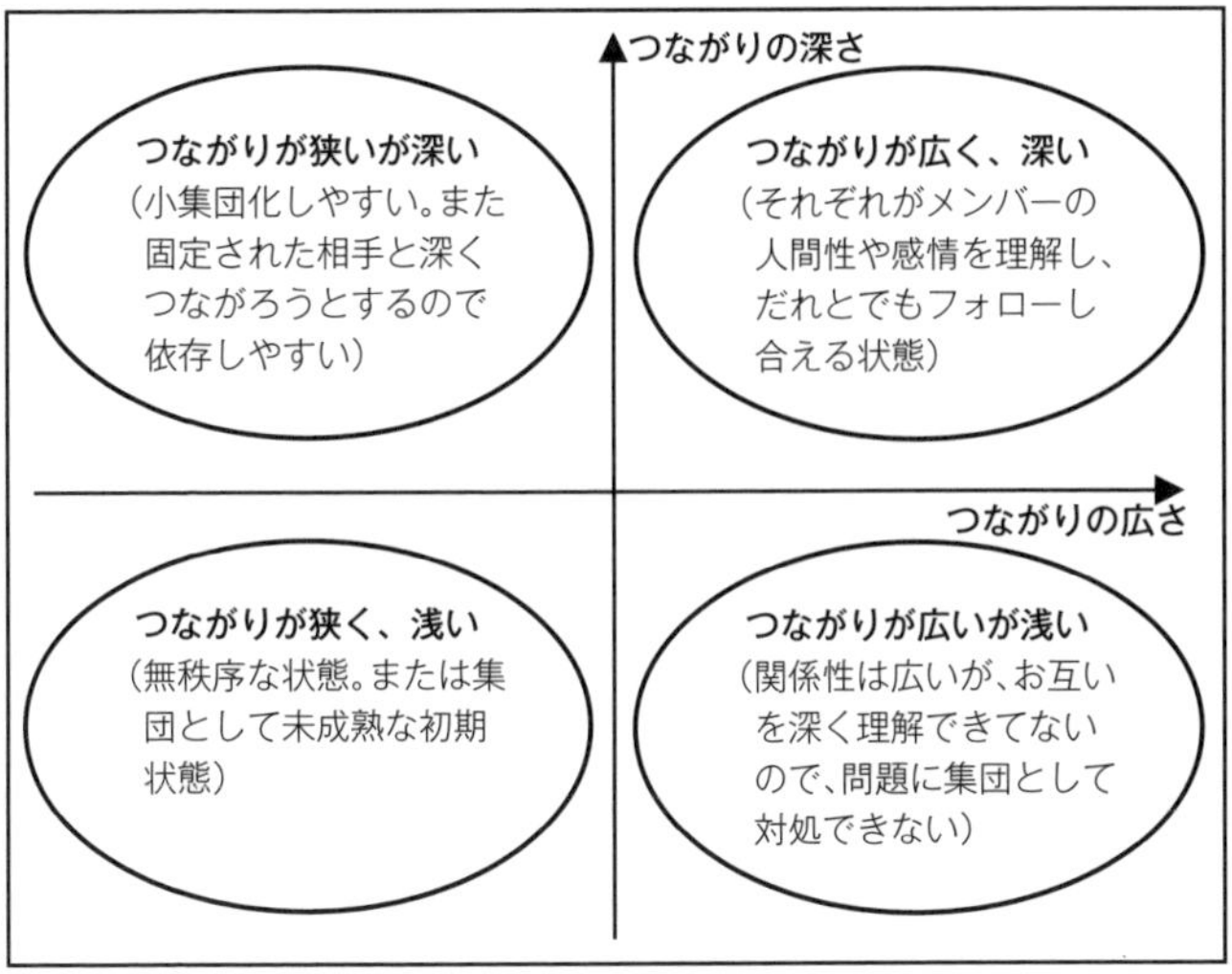

ないな」という配慮が前提にあります。

さらに、まわりも「AさんとBさんのことはよく知っている。もし2人がもめたら大変だ」と自分事として2人の成り行きを見守ります。

ですから、**トラブルの芽はあっても、その場で子どもたちによって摘まれる**わけです。横のつながりが希薄なクラスではこれらがすべて逆に働きます。子どもたちの横のつながりは非常に重要です。

上の図は横のつながりを「広さ」と「深さ」で表しています。

横のつながりが「広い」けど「浅い」クラスは、その場の雰囲気に流されやすい集団です。全員がお互いに顔見知り程度の間柄なので、よい雰囲気のときはイケイケですが、問題が起こったときに解決に向けて突破していく力がありません。

横のつながりが「狭い」けど「深い」クラスは、相手に依存しやすい集団です。深く相手を理解していますが、非常に狭い間柄に限定されているので、集団への所属意識はありません。この手のクラスでは3〜5人程度の小集団がたくさんでき、それぞれが閉鎖的なので集団間の交流がほとんどみられません。よって、集団秩序が形成されません。

傾向として、前者は低学年に多く、後者は高学年に多くみられます。

前者の場合、教師が指導者としてクラスの空気（雰囲気）をコントロールしたり、問題解決に向けて支援したりできるので、問題にならないことがほとんどです。

教師を悩ませるのは後者でしょう。固定された人間関係をどう広げていけばよいのか。特に高学年の場合、「ソーシャルスキルトレーニングがいいか、それともグループエンカウンターがいいか…」と、「手の込んだ実践をしなきゃ通用しない！」と身構えてしまいがちですが、コミュニケーションを広げる方法は、実はそんなに難しくはありません。

コミュニケーションを広げるカギは「回数（頻度）」です。

例えば、職員室にもあまり話したことがない先生がいますよね。

あまり話すことはないけれど、毎朝明るくあいさつをしてくれる先生だとします。毎朝、たった5秒くらいの交流ですが、もしこの先生が何か困っているとしたら、「他人だから関係ない」と思えるでしょうか。

これは、クラスでも同じです。

もしかしたら、子どもたち同士にも、2学期になってもひと言もしゃべったことがない相手が結構いるのではないでしょうか。そのような間柄で、いきなり授業で話し合いや討論をしたり、コミュニケーション活動で相手をほめたりできるでしょうか。

それよりもまず、何気ないコミュニケーションをたくさん経験させるのが先決です。

よって、**コミュニケーションを広げられるか否かは、「毎日」「短く」「何気ない（手の込んでない）」活動を確保できるかにかかってきます。**

毎日毎日、何気ないひと言でもいいから交流する。すると、固定された人間関係がだんだんほぐれてきて、人間関係の輪が広がっていきます。

人間関係の醸成は単純に交流する頻度で決まります。いきなり手の込んだ実践をして、仲を深めようとしてもうまくいきません。

毎日少しずつ、時間をかけて取り組んでいく意識をもちましょう。

10 簡単エクササイズでコミュニケーション力を高める

では毎日、短い時間で無理なくコミュニケーションを取るためにはどうすればよいのでしょうか。

いくつか活動例を紹介します。

●指先からこんにちは

フリーに立ち歩きながら、出会う友だちと指先を合わせて「こんにちは」とあいさつを交わします。相手の目を見て、指先をしっかりつけることを意識させます。「3分以内に20人！」「5分以内に全員と！」などの指示があると、ゲーム性が加わり盛り上がります（その際はあいさつが雑にならないように注意します）。

握手だとハードルが高いので、「指先をつける」というのがポイントです。慣れてきた

ら「今日もよろしく」と一言付け加えたり、「ハイタッチ」に変えたりしてみると飽きません。

●「そうですね」ゲーム

4人グループをつくります。「話し手」「受け手」「賛同者（2人）」を決めます。話し手は受け手について発言していきます。それに対して賛同者は必ず「そうですね！」と賛同します。

簡単なところから始めると、抵抗がありません。

例「（○○さんは）○年生ですね」
（そうですね！）
「○○学校に通っていますね」

（そうですね！）
「いつも笑顔がいいですね」
（そうですね！）
「ノートの字がきれいですね」
（そうですね！）

徐々に相手が喜ぶ内容にしていきます。

前ページの写真のように、賛同者を増やすなどの工夫をすると盛り上がります（写真は賛同者がクラス全員の場合）。

多くの人から「そうですね！」と言われると不思議と心が温かくなります。

言葉の内容は、相手を傷つけないよう、十分に吟味させましょう。

●**グループトーク**

2～4人組をつくり、お題に即して2～3分のフリートークを行います。

お題は「昨日の夕ご飯」など簡単なところから始めて、「遊ぶならドッジボールと鬼ごっこのどちらがいいか」などのディベート、「クラスをよくするためにはどうしたらよい

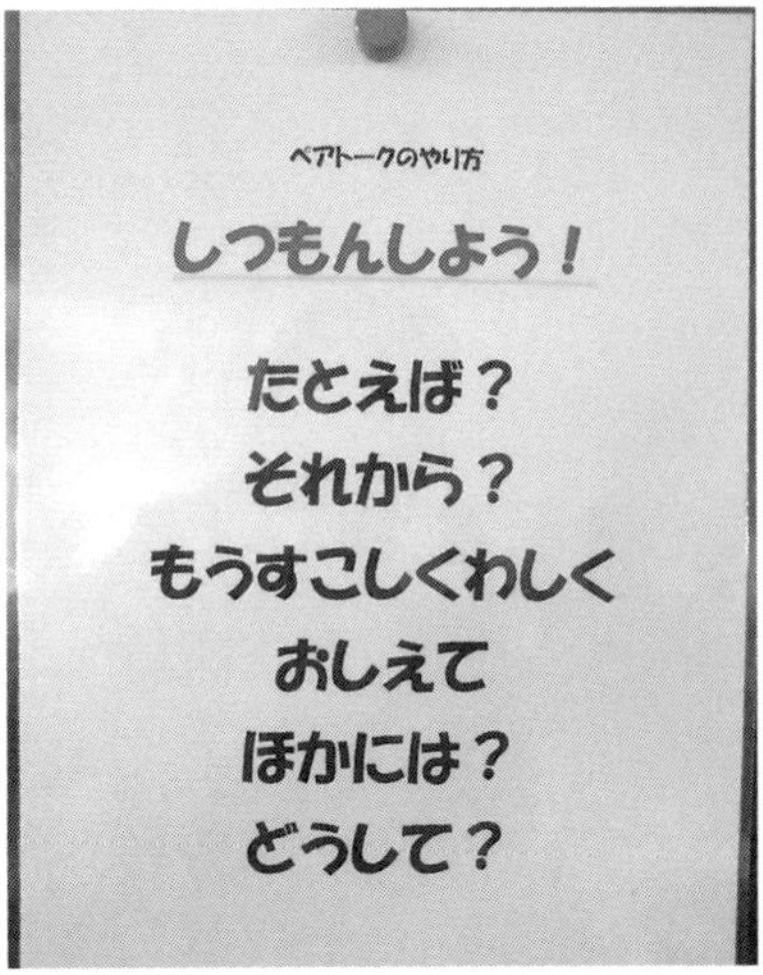
ペアトークのやり方
しつもんしよう！
たとえば？
それから？
もうすこしくわしく
おしえて
ほかには？
どうして？

か」などの議論といった高度なものにしていきます（目安は2～3か月）。

ルールは「一人ひとり同じ量話す」「会話を絶やさない（つなげる）」「なるべく組んだことのない友だちとグループを組む」などを設定するとよいでしょう。**上の写真のような「質問ことば」を掲示すると、会話をつなげるヒントになります。**

●ありがとうカード

席替えの機会などに、友だちに「ありがとう」の気持ちを込めてメッセージを送ります。付箋に書かせると連絡帳などに貼ることができ、活動を保護者にも伝えられます。**コツは「カードいっぱいにメッセージを書かせる」こと**です。最後までいっぱいに書かれたカードをもらうとうれしいものです。親近感もアップします。

小さな付箋（25㎜×75㎜程度）から始めるのがおすすめです。

「小さい！　もっと書きたいです！」

と子どもたちが訴えてくるぐらいがちょうどいいサイズです。

毎日続けるコツは、小さな変化をつけることです。

例えば、「指先からこんにちは」は「指先あいさつ」を「指切り」や「ハイタッチ」に変える、「『そうですね』ゲーム」は「そうですね」を「ありがとう」や「がんばってるね」に変える、といった感じです。

これだけでも、まったく印象の違う活動になります。

第４章

創造性・協働性を高める「10・11・12月」
マンネリを打破する〝攻め〟の戦略・戦術

1　行事指導は学級経営のためにある

10月～12月は運動会や学習発表会、学校祭…と行事が集中する時期です。大きな行事は学校の花形ですから、教師の指導にも力が入ります。そして、力が入るあまり、計画された時数以上の練習や度を超えた指導がしばしば見受けられます。

運動会の練習に20時間、30時間と費やす。

学習発表会の練習で、声が枯れるまで、何時間も歌わせる。

ひどいケースでは、まったく行事とは関係のない場面で、

「こんな授業態度じゃ運動会には出せない」

「こんな場面でケンカをしているようでは、運動会で協力などできない」

と、行事を引き合いに出して子どもたちを「釣る」ことも…。

このような行事指導が常態化している学校では、

「行事が終わったらクラスが荒れ出す」
「目標を失って子どもたちが無気力になる」
とよく言われます。

ここでよく考えてみたいのは、**その後に学級経営が危うくなるような行事指導などに、なんの意味があるのか**ということです。

学校行事は学習指導要領の「特別活動」に位置づけられており、目標には「(略) よりよい学校生活を築こうとする自主的、実践的な態度を育てる」とあります。

学校生活の基盤となるのは、紛れもなくそれぞれの学級での営みです。その学級での営みを犠牲にした学校行事などあり得ません。

ですから、学校行事は学級経営のためにある、と言っても過言ではありません。少なくとも、日頃の学級生活で培った力を生かす、伸ばす場であるべきです。

それが念頭にあれば、目的を見失い、異常な時数を費やしたり、行き過ぎた指導が横行したりはしないはずです。

指導が始まってからでは遅いので、行事後の学級がさらに活性化していくような明確なビジョンと戦略を事前に話し合い、共通理解しておくとよいかもしれません。

2　係活動の見直しで創造性・協働性を高める

係活動と当番活動は違います。

係活動は創造性、協働性を培う文化的活動（例えば、スポーツ係、新聞係など）であり、当番活動は割り当てられた学級内での仕事（例えば、黒板当番、整頓当番）です。

この2つの違いは学習指導要領にも明記されているので、多くの学級で係活動と当番活動を分けて設定されていると思います。

さて、ではなぜこの時期に係活動の見直しが必要なのでしょうか。

まず、これまで（11月ごろまで）の出来事を思い返してみてください。学級づくりに改めてじっくり時間をかけられるのは、「今」ではないでしょうか。

最近は春に運動会をやる学校が増え、学級の土台づくりと相まって、1学期はあっという間に過ぎ去ります。そして、立て続けに校外学習、宿泊学習…と途切れなく行事が続き、学習発表会を最後（11月初旬）に目立った学校行事はひと段落する、という学校が多いのではないでしょうか。つまり、**2学期の後半が一番落ち着いて学級づくりに時間をかけられる**ということです。

学校行事もなく、時間が比較的自由にとれますから、係活動の発表の場や学級イベントを企画する絶好の機会です。

また、４月につくった係はお互いの個性もよくわからないまま、なし崩し的に結成されることがほとんどです。特に力を入れている学級でない限り、うまく機能している係はよくて３分の１程度というのが実情ではないでしょうか。

2学期の後半ならば、お互いの特技や性格がよくわかっており、個人の創造力やメンバーの協働性を発揮しやすいはずです。

２学期の後半こそが、係活動を活性化させる最大のチャンスなのです。

私はよく「班別対抗球技大会」や「創作ゲーム大会」「昔遊び体験」「なんでもボードゲーム選手権（オセロ・将棋など）」などを係に企画してもらいます。

「今からでは遅いかな…」なんてことはありません。

「今こそがチャンス」なのです。

3　自主学習のレベルアップで自主性・学力を高める

この時期は学習面にも力を入れられます。

例えば、多くの学級で取り組んでいる自主学習のレベルアップ。次の学年に向け、この時期に自ら学習に取り組む姿勢を自主学習によって高めていくのはとても重要です。

次ページの写真は、私の学級の自主学習ノートです。見開き1ページを基本とし、左ページと右ページで取り組む内容を分けています。

●左ページ

ノートを3段に分け、上段は漢字練習（自分で問題をつくって解く）、中段は算数の復習、下段は社会・理科の復習です。その日の授業で学習した部分の復習を基本としています（山中伸之先生の実践追試です）。

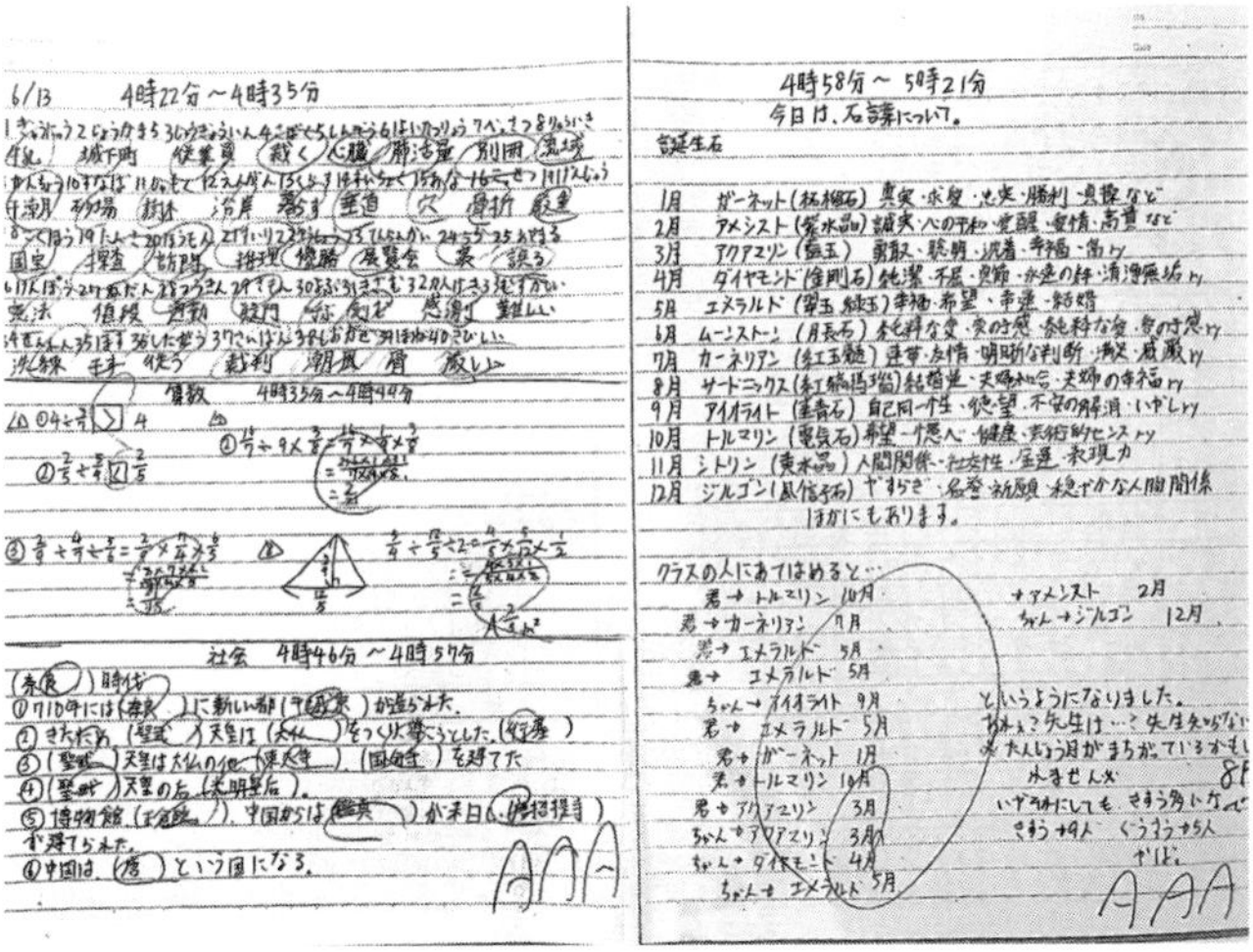

●右ページ

調べてみたい、追究してみたいテーマを設定し、まとめます。一般的に「自学」と呼ばれているものと同じです。写真の子は花言葉や宝石が好きなので、シリーズにして特集していました。

基本的に、見開きをしっかりと埋めさせます。余分にやってきたいときは、3、4ページやっても構いません。

私は、自主学習のねらいを**「独習の方法を身につけること」**と定めています。社会に出ても自ら学んでいける大人になってほしい、と考えているからです。

左右で取り組む内容を変えているのはそのた

めです。基礎基本・応用発展とバランスよく学習に取り組む中で、学習への対応力を身につけてほしいと考えています。

例えば、テスト前に復習が必要なら、基礎基本のページを重視して学習に取り組む。逆に、自由に追究してみたいことがあれば、応用発展のページを重視して学習に取り組む。見開きが基本ですが、どちらを何ページやるかは子どもたちに任せています。

このように「今、必要としている学習は何か」「どのような学習方法を選択すべきか」といったことを、子どもたちが自ら考えながら学習できるようにしています。

これはあくまで一例です。「自主学習はなんのためにあるのか」を真剣に考え、それぞれがそれぞれの形で取り組めばよいと思います。

余談ですが、一般的な自主学習を行ううえで問題になるのが、「ネタ切れ」です。子どもによっては「やることがない！」と家の人を困らせたりもします。

私はネタ切れだけはさせないように、子どもたちに「自学の森」と名づけたネタプリントを配付してきました。

紙面の都合上、国語だけご紹介します。

・読書感想文を書く
・作文を書く（テーマ例を配付）
・俳句を写す、説明する、つくる
・習った漢字を使って文章をつくる
・言葉の意味を調べる
・熟語を調べる
・同音異義語、対義語、類義語を集める
・ことわざ、慣用句の意味や用法を調べる
・本の紹介をする
・詩を写す、詩をつくる
・漢字でしりとりする
・ことわざを調べる
・名言や格言を紹介する
・同じ部首の漢字をたくさん集める
・方言辞典をつくる
・物語を創作する　…など

少々一貫性に欠けますが、これはインターネットの優れた先行実践、子どもたちの自主学習、書籍や職場の先生からいただいた資料…と様々なところからネタを仕入れているからです。

小さなネタでも10、20と積み上がってくると価値が出てきます。普段からアンテナを高く張り、メモに残すようにするとよいでしょう。

4　年末の大掃除で教室をピカピカに

係活動、自主学習に続いて、ぜひ2学期末に行いたいのが「大掃除」です。私は学期末には必ず大掃除をしますが、年末（2学期末）の大掃除は一段と力を入れます。

年末に大掃除をするのが慣例だからでもありますが、教室での指導がそのまま各家庭での大掃除の事前指導になるからです。

ここでいろいろな掃除のポイントを教えておくと、子どもたちが家でほめられます。時には「自分から部屋を掃除し始めて驚きました」と手紙をいただくこともあります。

大掃除の手順は以下の通りです。

❶観察・話し合い

どこを掃除するべきか観察し、意見を黒板にまとめます。普段見ない、見えないところを意識させるのがポイントです。掃除だけではなく、補修や整頓も視野に入れて観察させます。

すると、教室の上部に何年も貼られている掲示物、カーテンの穴、放置された棚、ものが押し込まれたロッカー…など、たくさんの意見が出てきます。

❷掃除する順番を決める

掃除は基本的に上から下です。また、掃除、整理整頓、補修の順で取り組むとスムーズです。大まかに順番を決めておきます。

役割分担はクラスの実態によりけりですが、私は基本的に自由にしています。「人の嫌がることや面倒なことを率先してやろう」「全体を見て行動しよう」などのめあてを共有し、自主性を尊重する形を取るとよいでしょう。すべての役割分担をきっちり割り振るのは現実的に無理があります。

ただし、「〇回注意され、改善しない者は席に座って読書をする（掃除に参加させない）」などのルールは必要です。

❸掃除の仕方を知る

この機会に掃除の仕方、用具の使い方を教えましょう。例えばほうきの向き。ほうきは使う向きが決まっています（逆の向きで使うとすぐに消耗し、折れ曲がります）。その他にも雑巾の正しい絞り方、床の掃き方、窓掃除の仕方など、意外とわかっていないことがたくさんあります。

整理整頓は、できれば教師が模範を見せたいものです。できる教師の教室は整然としています。逆に、教室をきれいにしていれば教師の腕も上がる、と言えなくもありません。

ちょっとした工夫でずいぶんと変わります。例えば棚やロッカー。棚やロッカーはなるべくものを奥に詰めこまないようにします。

すべてのものがすぐに取り出せるように収納するのがベストです。私は前ページの写真のように、平たい段ボール箱を引き出しの代わりにし、棚の奥のものでもすぐに取り出せるように工夫しています。

❹いらないものを処分する

最後に、いらないものを処分することについても教えます。ロッカーの中身を全部出して、ものを減らさずにそのまままきれいに詰め直すような子がいるからです。

私は「『学校なら学期中』『家なら1年間』使わなかったものは捨てた方がよい」と指導しています（もちろん、大事なもの、思い出の品などは除く）。

基準はそれぞれでよいので、「いらないものは捨てる」という視点をもたせます。そのときに「ありがとう」と感謝できれば最高です。

過度にきれいにする必要はありませんが、やはり、安定した教室は整然としています。そして、教師だけでなく子どもたちも掃除好きです。年末は大掃除という大義名分（？）がありますから、ぜひこの機会に取り組んでみてください。

5　クイズで楽しく一年を締めくくる

計画的に学習を進めるために、「学期末にはゆとりを」と書きましたが、「ゆとり」をもつのにはもう1つ理由があります。

それは「この学期も楽しかったな～」という印象を子どもたちにもってもらうためです。そのために必要なのが「ゆとり」なのです。計画を消化するだけでアップアップしていては、何も始められません。

「ゆとり」をもてばそれでよいわけではなく、十分条件はやはり「楽しさ」であると私は考えます。

例えば、（表現が悪いですが）生真面目な教師は、せっかく「ゆとり」をもっても、それを「復習プリント」「発展学習プリント」「生活指導の振り返り」「学期を振り返る学級会」などにすべて費やしてしまいます。「すべてを子どもたちに還元する」という意味で非常に立派ですし、私も多くの時間をこれらに当てます。

しかし、文字通り「すべて」費やしてしまうのはどうでしょうか。

子どもたちは、

「一生懸命勉強してきたのに、ここにきて毎日プリントか」

「毎日がんばってきたのに、反省させられてばっかりだよ」

「学級会か…、何かダメなことでもあったのかなぁ」

などと感じないでしょうか。

先に「集団は空気（雰囲気）で決まる」と書きました。

極めて大切なことなので、もう一度書いておきますが、プロの教師は、**敏感に空気を読みつつ、空気に流されずにコントロールできる集団の統率者**でなければなりません。

例えば、新卒教師は空気には敏感です。学校現場に染まっていないからです。しかし、子どもたちを慮るばかりで空気に流され、コントロールができません。ベテラン教師の多くはこの逆です。

では、「空気」に常に敏感でいつつ、なおかつコントロールし続けるためには何が必要でしょうか。

私は、空気に敏感でいるためには「多様な人間関係」が、コントロールし続けるためには「リーダーとしての知識」が必要であると考えます。

私の父は高校の教員ですが、常に「教師とばかりつき合うな」と言います。違った空気に身を置くと、いかに自分の考え方が閉鎖的か、世の中に疎いか、肌で実解できます。教育現場はギルド的で、非常に閉鎖的です。**空気に敏感でいるためには、まず教師が常にいろいろな空気（コミュニティ）に身を置かなくてはいけません。**

そして、「リーダーとしての知識」を身につけるために、**ぜひいろいろな場でリーダーを経験してみてください。**セミナーを企画する、サークルを結成する、読書会を開く、ボランティアを募る。日常レベルでは、旅行を企画する、飲み会の幹事を引き受ける…など。職場を思い浮かべてみてください。リーダー経験の多い教師は空気のコントロールが巧みなはずです。「私は部活動の部長なんかも1つもしてこなかった」などと深く考えず（私も同じでした）、ぜひ小さなところから始めてみてください。

さて、「終わりよければすべてよし」と言われるように、学期末の印象はかなり重要です。どんなに学期中が大変でも、終わりがよければ「大変だったけど楽しかったな」で締

めくくれます。ですから、学期末は

「学期末を楽しめるのは、これまで授業を頑張ってきたからだな」

「学期末を楽しめるのは、これまで仲良くしてきたからだな」

と子どもたちが思えるような楽しい活動を、ぜひたくさん行ってください。

オーソドックスなお楽しみ会もよいですし、ビンゴ大会、クイズ大会、球技大会、ミニ運動会、お菓子づくり…など、ぜひ子どもたちと話し合ってみてください。楽しむことが目的ならば、話し合いや準備もすべて楽しい活動になるはずです。

教師主導の仕込みでも、もちろんＯＫです。私は2学期の終業日にクイズを出します。

1　お正月と言えば？（思いつく限りたくさん）
2　お正月はいつまで？
3　なぜお正月をお祝いするの？
4　初夢で見たいものを書いて。
5　初夢で見ると縁起がいいと言われるものは？
6　お年玉の現実的な使い道は？
7　お年玉の理想的な使い道は？
8　お正月にしてみたいことは？
9　年賀状の正しい書き方、出し方とは？
10　年賀状をだれに出す？
11　冬休みのよくある1日とは？
12　冬休みの理想の1日とは？

13 書初めをするとしたら何を書く？　14 新年の抱負をできるだけ具体的に。

このクイズは、冬休み中の生活指導やお正月等の伝統文化教育が中心になっています。**淡々と説明すると固い話になるのですが、クイズにするだけで全然印象が違ってきます。**答え方を工夫するとさらに楽しくなります。例えば、「1　お正月と言えば？（思いつく限りたくさん）」では、全員を立たせ、「最後まで意見が続いた人が勝ち！」などのサドンデス方式にすると盛り上がります。

冬休み中の生活指導は「冬休みのきまり」を読み上げて終わり、ではなんとも味気ないので、ぜひ、ひと工夫して子どもたちを楽しませてあげてください。

※お年玉のクイズなどは細心の注意が必要です。また、楽しませたいあまり、肝心な部分が伝わらないのでは本末転倒です。本来のねらいを念頭に置きつつ、実践してみてください。

第5章　学級の完成に向かう「1・2月」

早足の3学期を失敗しないための戦略・戦術

1　1・2月の特徴を理解する

問題の様相を観察、分類する

3学期は学級を「完成」させる時期です。

1・2月の過ごし方が、3月の集大成（最後の学級の姿）を決定します。

まずは1週間、学級をよく観察してください。いえ、1日でもいいですから、**できるだけ介入を控え、ただただ観察してみてください。**

その際、**「教師が1日いなくても学級がうまく機能するか」**という視点をもつようにします。

すると、休み時間が終わっても着席できない、ルールを守って遊べない、給食準備であまり協力できていない…と様々な問題点が浮き彫りになります。

それらを次の3観点で分類します。
・システムの問題（当番活動、係活動、給食当番など）
・規律、基本的生活習慣の問題（廊下の歩行、挨拶、時間の厳守など）
・人間関係の問題（グループの固定化、男女間の希薄化など）
その状況を基に、ゴールに向けた1・2月の戦略を具体的に立てましょう。

学級の完成形をイメージする

戦略を立てるにあたって、学級をどのように機能させたいのか、つまり、具体的な学級の完成形をイメージできるでしょうか。

あなたの学級の「完成」とはなんでしょうか。

私は学級の完成を「自立」と捉えています。自分たちで協力し、考え、学び、時に問題を乗り越えていく。教師の指針がなくても、自分たちで原理原則を見つめ、行動を選択できる。

これが私の学級の完成形です。

漠然としている場合は、きちんと明文化してみてください。

例えば、「なんとなくやせたい」と思っている人と、「1か月後に2キロやせる。そのために食後のアイスをやめる」と決めている人では、成果は違ってくるはずです。

これまで自分がしてきたことを思い返し、一つひとつ言葉にしていけばよいのです。言葉には力があります。できれば「今すぐに」言葉にしてみてください。

次の学年を意識する

1・2月の具体的な戦略というのは、それぞれがイメージする完成形によって違ってきますが、**「担任が変わっても子どもたちは幸せに過ごせるか」**という視点だけは欠かせません。

3月にあれだけ盛り上がった学級が、4月に次の担任になった途端にガラガラと崩れる。

前担任の言うことしか聞かない。

別のやり方を受け入れられない。

こういったケースをよく目にしますが、このような学級経営が「人を育てる」という我々教師の仕事と言えるでしょうか。「学級をつくり上げたらそれで終わり」では、あまりに無責任です。次の担任に変わったからといって、責任の所在がすべて次の担任に移るわけではありません。

例えば、私の学級には「当たり前ポイント」というシステム（内田聡氏実践追試）があります。「時間を守る」「あいさつをする」などの当たり前にできてほしいことをポイントにし、ポイントを貯めていくシステムなのですが、このシステムは次の担任になったら当然なくなります。

ですから、１・２月は「どうしてこのようなシステムを取り入れたのか」という原点を振り返ったり、「ポイントがつかなくてもできるようになってほしい」という願いを語ったりして、次の学年に向けての心づもりをさせます。

その他にも宿題、係活動、朝の会、給食当番…と、次の学年でやり方が変わってもよいように、バトンタッチの準備をしておくのが理想です。

「先生が変わっても大丈夫！」

担任として寂しさはありますが、それが結果としては子どもたちの幸せにつながります。

2　教室の監督者として振る舞う

給食当番、掃除、昼休み。

これらの諸活動時、何をしていますか？

給食当番の間に入り、配膳の支援をする。

ほうきを手に、子どもたちと共に掃除をする。

子どもたちの輪に加わり、一緒に遊ぶ。

このように、「子どもたちと一緒に活動する」のが一般的かもしれません。

私も基本的にはそれでよいと思うのですが、一方で、教師は支援者である前に、教室の監督者です。

例えば、給食の時間には、**教室を見渡せる位置に立ち、教室全体を俯瞰して眺め、全体のシステムがうまく機能しているか、一人ひとりの子が何をしているかしっかり把握（監**

督）するのが本来の役割です。

ところが、支援に徹するあまり、この監督者の役割を忘れてしまっていることが少なくありません。

教師の支援はなんのためにあるのでしょう。

それは自立のためです。

そう考えると、３学期になっても教師が支援しないとシステムが機能しないようでは厳しい、とも言えます。

まずは「支援して当たり前」という思い込みを排除し、監督者として振る舞うことを意識してみてください。

すると、教師の過度な支援、システムそのものの欠陥に気がつきます。

そして、ここはぜひ前向きに考えてください。

「支援しないと機能しない」のではなく、「支援すれば機能する」ところまできているのです。

子どもたちは、あと一歩で自立できるところまできています。

その「一歩」を見つけ、解決に導くのが１・２月の教師の大事な仕事です。

3　焦らず、地道に継続する

学級の問題点や現状を把握すればするほど、

「3学期にもなって…」

「こんなこともわかってなかったのか…」

と愕然とすることが増えます。

しかし、過度に落胆したりする必要はありません。

この手の出来事は、どんなに高められた学級の担任でも、多かれ少なかれ必ず経験しています。

例えば、私が所属する「おやま教育サークル」には「学力テストで全国平均を20点近く上回る学級」や「あいさつが抜群にできて地域の人から礼状がくる学級」をつくり上げる先生がいます。

そのような先生たちですら、

「最後の最後まで、あきらめずに地道に教えていくしかない」

と言っています。

私自身、この言葉に何度励まされたかわかりません。

悩んだり、がっくりきたりするのは自分だけではないのです。

若手もベテランも、皆同じです。

「もし世界の終りが明日だとしても　私は今日　林檎の種子をまくだろう」

（寺山修司『ポケットに名言を』角川書店）

私の好きな言葉です。

「世界の終わり」は大げさな比喩かもしれませんが、最後の最後まで教え続けるのが我々教師の使命です。

焦らずに、地道に継続する。

落胆するような出来事に直面したときには、ぜひこの話を思い出して、1・2月を乗り切ってください。

第6章　感動・感謝・充実の「3月」

子ども・保護者・教師を笑顔にする
〝学級納め〟の戦略・戦術

1　脅さず焦らさず、認めることを大切にする

終わりに臨む心境

3月。

「あともう少しで終わりだ！」と思う教師か、それとも「1年間でどれだけ成長させられただろうか」と自問する教師か。

ゴールを前に晴れ晴れとした気持ちでいるのも大切ですが、できれば後者の視点をもちたいものです。

特に「あんな状態じゃ来年苦労するね」とか「何年も○年生を受け持っているけど、あんな子たちははじめてだったわ」といった、教室の指導者、責任者である自覚がまるで感じられない発言は控えるべきです。

教師も人間ですから、時にそう思いたくなるのはわかりますが、**少なくとも言葉にするべきではありません**（それが教師としての、最低限の矜持だと思います）。

明るい展望をもたせるべき

「そんなんじゃ○年生になれないよ！」
「○年生に向けて、どんどん変えていくからな！」
3月になると学級の現状に不安を感じ、急に子どもたちを駆り立てる教師がいます。先ほどの後者のタイプに多く、責任感ゆえの焦燥なのでしょう（残念ながら、まれに単なる「見栄」だけのために、子どもたちを躾け出す教師も少なからずいます）。

私自身、身に覚えがあるので汗顔の極みですが、**このように未来を逆手にとる形で、子どもたちを焦らせたり脅したりするのはやめたいもの**です。

例えば、我々教師だって、大学の教職課程で「現場はそれはそれは厳しいものだぞ！生半可な覚悟じゃ1か月ももたないぞ！」と繰り返し教えられたらどうなるでしょうか。きっと教師の成り手は激減することでしょう。

責任感の強い教師ほど、はやる衝動をこらえ、「今の姿はこれまでの積み重ねである」と一度立ち止まり、現状を受け入れるべきなのです。

しかし、「手遅れだから何もするべきではない」というわけではありません。「これまではダメだったから、今から直す」というスタンスではなく、「これから○年生になるから、レベルアップしよう！」というスタンスで臨めばよいのです。

「どんな○年生になりたい？」

「○年生になったらどんなことができるようになりたい？」

と子どもたちに問い、前向きに意欲を高めていきましょう。

その際に最も大切なのが**「（現状の）よい部分を認めること」**です。できないところではなく、できるようになった部分に目を向け、そのよさをもっと伸ばせるような、明るい展望を子どもたちと描きましょう。

特に5・6年生は注意が必要

特に5・6年生は最高学年・新入生になる学年です。生活環境が大きく変わるため、

「学校のリーダーになるんだから！」

「中学校じゃ通用しないぞ！」

とお尻を叩いてしまいがちです。

しかし、無意味に脅したり焦らせたりしたところで、なんの解決にもなりません。無闇に恐怖心をあおるのは完全に逆効果です。

子どもたちに必要なのは、脅しや焦りではなく、正しい説明と理解です。教師自らがしっかりと子どもたちに説明し、理解させていく必要があります。

私は次のように語るようにしています。

●5年生

来年は6年生になりますね。6年生になると、様々な学校の仕事を任されます。例えば1年生のお世話などもみんなの仕事になります。実質的な学校のリーダーです。

リーダーは、時に自分のことをしっかりやっていても、または自分に非がなくても、責任を負わなくてはいけない場合があります。6年生として仕事をしたり、下級生の面倒を見ていたりすると、「えっ、なんで自分が悪いの？」と思うことがあるかもしれません。

しかし、それがリーダーに対する期待の表れでもあります。6年生として「損だな」と感じたときは、この話を思い出してください。6年生だからこそ、期待されているからこそ、試されることもあるのです。

さて、中には最高学年になることに不安を感じたり、「なりたくないな」と思ったりする人もいるかもしれませんね。

けれども、社会の構造を考えてみてください。リーダーというのは、だれかがやらなくてはならないものです。小学校なら6年生、中学校なら3年生、高校、大学、会社…と、この営みはずっと続きます。

まさに「自分が教えてもらったことを次のだれかに伝えることで、人間の社会は成り立っている」のです。みんなが人任せにしてしまったら、もらうことばかりを優先してしまったら、人間の社会は到底成り立たなくなるでしょう。

ですから、みんなが6年生になり、6年生として行動することは、単なる順番ではなくて、すごく大事な意味があるのです。

いろいろと大変な面もあるかもしれませんが、ぜひ、自覚をもって6年生になってもらえたらうれしいです。

●6年生

来年はいよいよ中学生です。中学校に、どんなイメージをもっているでしょうか。きっと、少し怖いイメージを抱いている人もいるかもしれませんね。

けれども、安心してください。中学校はとても楽しいところです。みんなが6年生として1年生の面倒を一生懸命みたように、きっと先輩たちがみんなに優しく教えてくれるでしょう。今度はみんながピカピカの1年生なのですからね。

しかし、6年生を経験したからわかると思いますが、3年もすればすぐに上級生になり、今度は教える立場になります。しっかりと上級生を見習い、立派な中学生になってください。

また、中学校は小学校よりも自由な場です。部活動や生徒会など、自分たちで自由に考え、行動できる機会が増えます。それは同時に、自分の行動には自分で責任をとっていくようになる、ということでもあります。

小学校のように、あれこれと細かいところまで言われることも少なくなるでしょう。そのことにどんな意味があるのか、よく考えてみてください。

自由の意味をしっかりと受け止め、中学校生活を存分に謳歌してくれたらうれしいです。

2　最後は自分らしさで勝負する

「この先生でよかった！」と感じてもらうために

「終わりよければすべてよし」ということわざが示すように、「最後の（学期末の）印象が何より大切である」と書きました。

したがって、3月は「この学級でよかった！」と子どもたちが実感できれば最高なのですが、加えて子どもたちにぜひよい印象をもってもらいたい人がいます。

それはずばり「（学級の担任である）自分」です。

「先生の学級だから成長できた！」

「先生がいたからここまでこれた！」

と、**子どもたちに「この先生でよかった！」とぜひ感じてもらいたいもの**です。

そうして、教師自身ももっともっと元気になるべき。私はそう考えています。

「自分らしさ」を発揮して、ぜひ「慕われる」教師に

野口芳宏先生は、

「教師の資質は『信・敬・慕』の3つである」

と説いています。

信用があり、尊敬され、慕われる。

この3つの資質のうち、どれが欠けてもいけません。

ただし、3つとも100を満たせ、というわけではないのです。10や20のものがあってもよいのですが、0のものがあってはいけません。

今の教師に欠けがちな資質は、3つのうちどれでしょうか。

私は「慕」であると感じます。

世の中が変わったとはいえ、教師はまだまだ信用され、尊敬されています。その証左として、現場の先生方は真面目で誠実な方がほとんどです。

しかし、今の教師が子どもたちに慕われているかというと、残念ながら、教師と子どもたちの間に溝があることが少なくないと感じます。

では、なぜ溝ができてしまうのでしょうか。

そのためには、「慕う」という感情が何に起因しているか考える必要があります。

私は「慕う」という感情は**「その人の人間性にほれ込む」**ことで生まれると考えています。人間性とは、まさに「自分らしさ」です。子どもたちは教室で「あなた（担任）らしさ」という人間性に触れ、「慕」の感情をはぐくむのです。

しかしながら、今の教室は教師が「自分らしさ」を存分に発揮できる環境にあるでしょうか。世の中がますます画一的な方向性を強めているように、教育現場でも同じく「自分らしさ」を発揮しにくくなってはいないでしょうか。

例えば、教室の掲示物ですら逐一横並びにするような環境の中で、果たして教師が本当に「自分らしさ」を発揮できるのでしょうか。私は甚だ懐疑的です。

ですから、**ぜひ3月は積極的に「自分らしさ」を発揮して、子どもたちに慕われる教師でいたい**ものです。

何も突飛なことをしろ、というわけではありません。できる範囲でよいのです。私のまわりにもできる範囲で「自分らしさ」を発揮していた先生がたくさんいました。

例えば、サッカーが好きな先生は毎日子どもたちとサッカーをしていました。

例えば、写真が好きな先生は子どもたちとよく写真を撮りに外に出ていました。

例えば、本好きな先生は長編小説を毎日少しずつ読み聞かせをしていました。

例えば、音楽が好きな先生は昼休みにピアノを囲んで歌を歌っていました。

例えば、裁縫好きな先生は余った布を持ち込んで小物づくりをしていました。

例えば、漫画好きな先生は教室にトーンを持ち込んでイラストづくりをしていました。

…

書こうと思えばもっと書けます。どれもこの目で見た光景です。「自分らしさ」を大切にしている教師はやはり生き生きとしています。生き生きとした教師が子どもたちから慕われるのは、説明するまでもないでしょう。

さて、私はというと、へぼですが将棋が好きなので、よく子どもたちと将棋を打っています。

3月は子どもたちと過ごせる最後の月です。ぜひ「自分らしさ」を発揮し、教師自身も元気に、楽しく過ごしてはいかがでしょうか。

3　卒業式で自主性・意欲を最大限に高める

卒業式は学校行事の中で最も重要な式典である、というのが教育界の定説です。現場でも、卒業式指導には一番力が入り、職員自身も一挙一動に細心の注意を払います。卒業式には、それほど「卒業生の門出を盛大に祝いたい」という職員、保護者、在校生、すべての人たちの願いが込められているのです。

しかし、卒業式は毎年行われるので、厳粛に行われて当たり前、大事にされて当たり前、祝福するのが当たり前になり、「なぜ卒業式をするのか」といった本来の目的は見失われがちです。

卒業式を名実ともに「学校行事最大の式典」にするためには、「なぜ卒業式をするのか」という原点に立ち返る必要があると思います。そのことで、参加する子どもたちの自主性や意欲も最大限に高まります。

では、意外な事実からまず述べましょう。

それは「卒業式は必ずしもこのような形で行わなくてもよい行事である」ということです。

しかし、これを聞くと（少なくとも子どもたちは）「えっ?」と驚きます。

しかし、事実です。卒業式に必須なのは「卒業証書の授与」です。仮に参加者が卒業生だけであっても、卒業式は成り立ちます。卒業生に至っては、たとえ卒業式を欠席したとしても、卒業は認められます。

このように、根本的なところから見直さないと、卒業式の大切さは伝わりません。

卒業式は「学校のきまりだから参加する」のではなく、**「卒業を祝いたいという全体の意志に基づいて（このような形で）挙行されている」**のです。

だからこそ、あの未曾有の大災害であった東日本大震災の直後さえ、様々な形で、多くの学校で卒業式は行われました。もちろん、一方で、断腸の思いで卒業式を中止せざるをえなかった学校が多くあることも、我々は忘れてはなりません。

こうして、

「どういった卒業式にしたいか」

「どんな思いを伝えたいか」

といったことを一から子どもたちと考え、卒業式をつくり上げていきます。

また、卒業式に参加する教師自身の感謝の心も大切です。

間違っても「ありがたく思いなさい」などという第三者的な態度を取ってはいけません。教師自身も卒業式に参加する一員です。**自主性、意欲を最大限に高めるべきなのは、まず教師自身である**と心得ましょう。

私は、卒業生を担任するとき、可能な限り在校生に感謝の言葉を述べます。卒業生を代表するつもりで、次のように話します。


「いよいよ卒業式本番が近づいてきました。これまでたくさん練習をしてきましたが、在校生の皆さんが一生懸命練習に取り組んでくれたことに、卒業生を代表して、心から感謝しています。本当にありがとう。

皆さんは、卒業式が本当は必ずしもこのような形で行われなくてもよい行事である、ということを知っていますか。どんな形であれ、卒業証書が授与されれば卒業はできるからです。

でも、『渡せばそれでいい』なんていうのはなんとも寂しいですよね。だからこうして卒業式が行われるわけですが、特に在校生の皆さんは自分たちのためではなく、卒業生のためにこうしてたくさんの練習をし、よい式にしようと一生懸命になってくれています。そのことが本当にありがたいです。

そして、来年は5年生が、再来年は4年生が同じように祝福されてこの学校を巣立っていきます。それは当たり前のことではないのです。この『だれかのために一生懸命尽くしたい』という気持ちがどこかで断ち切れてしまったら、卒業式は行われなくなってしまうからです。

最後に、卒業生は立派な姿を見せようと、在校生の皆さんの気持ちに応えようと、同じく一生懸命練習に励んでいます。当日はどうぞ、よろしくお願いいたします」

教室に戻ったら、私は卒業生にも感謝の言葉を述べます。ぜひ、本心からの言葉で、子どもたちに語りかけてください。

4　振り返り作文で学年末に向けて気持ちを高める

3月は学年末に向けて、教師の腕（演出）の見せどころです。学年末の演出は、カウントダウンカレンダー、カウントダウンスピーチ、解散パーティーの企画、文集づくり…などの数々の先行実践が示す通り、各学級の個性が光ります。私もカウントダウンカレンダーやスピーチ、解散パーティー…と様々なことに取り組みますが、一番力を入れるのが「振り返り作文」です。

●振り返り作文の書かせ方

学級での1年間について、書いてみたい題材を子どもたちと決める。

例「この学級のよいところ」「1年間で成長したこと」「思い出ベスト3」「家族への感謝」

「クラスのみんなへのメッセージ」「先生へのメッセージ」

「授業を通して身についたこと」「将来の夢」など
書かせたいことがある場合は、あらかじめ教師が提示してもよいでしょう。

5~10の題材に絞り、1日1テーマで作文を書きます。

できるだけ多様な視点で、長く書けるようにします。


6年生の卒業アルバムの作成をイメージしてもらえるとわかりやすいでしょうか。

書かせる際は、できるだけ静かな中で、相談はせずに、真剣に書かせます。自分と向き合い、じっくりと考え悩み、ギリギリのところで生み出されたものにしか本当の感動は宿らないからです。


私は「振り返り作文」を子どもたち同士で読み合う時間を必ず設けるのですが、どのテーマの作文も、子どもたちは静まり返って読んでいます。真剣そのものです。

この「読み合い」はこまめに設定した方がよいかもしれません。**書くのが苦手な子も、読み合っているうちにだんだんとコツをつかめてくるから**です。よく書けている子の作文を学級通信などに載せるのも1つの手です。

5 「最後の保護者会」で演出する

最後の授業参観は、多くの学級で工夫されているかと思います。とっておきの道徳の授業、保護者や子どもたちへのサプライズ、中には学年単位で親子レクリエーションや感謝を伝える会などを催す場合もあるのではないでしょうか。

一方で、その後の保護者会はどうでしょう。担任のあいさつ、次年度の役員決めなどを淡々と済ませ、意外とあっさり終わってはいないでしょうか。

それではあまりにもったいないと私は思います。

これもまさに「終わりよければすべてよし」。せっかくの機会ですから、1年間の感謝がしっかりと伝わるように、構成や演出を工夫したいものです。

●保護者会の流れとポイント

①担任のあいさつ

1年間のお礼を述べます。素直な心でシンプルに、ゆっくりと語りましょう。大人相手だからといって、かしこまったり躊躇したりしては、肝心の感謝の気持ちが伝わりません。教師は、普段子どもたちばかりに話している分、大人に話すのが意外と苦手だったりします。私は原稿を必ず用意し、何度か練習します。

②保護者からひと言

若い教師は場の空気に飲まれがちです（私もそうでした）。そういうときは、「先に相手に話してもらい、雰囲気をつくってもらう」というのも1つの手です。

③学級役員さんへの感謝

1年間、学級のために奔走してくださった役員さんです。感謝の言葉を忘れないようにしましょう。私は懇談会資料の項目にお礼の言葉を書き加えるようにしています。そうすると絶対に忘れません。

④子どもたちからのメッセージ

保護者会は普段面と向かっては伝えられない、子どもたちのメッセージを伝える絶好の機会です。私は1人20～30秒のビデオメッセージを撮影し、ビデオレターをつくっています。手紙でもよいのですが、やはり映像の方が直に伝わります。

もしビデオレターや手紙が間に合わない場合は、1年間の活動写真をスライドショーにして流すのもいいでしょう。

いずれの場合も、BGMを流すと、グッと雰囲気が出るのでおすすめです。その際は、オルゴールなどの落ち着いた曲を選ぶようにしましょう。

⑤担任からのメッセージ

最後に、担任からのメッセージを読み上げます。ポイントは「読み上げる」ことです。単にスピーチするよりも、はるかに本気さと誠実さが伝わります。実践する場合は、原稿を用意するだけでなく、朗々と読めるまで繰り返し練習しておきましょう。

私はメッセージを映画のエンドロールのように流し、読み上げるようにしています。こうすると、メッセージが終始一定のスピードで流れるので、早口になりません。また、視線が画面に集中するので、落ち着いて話せます。

原稿例（一部）

「何もかもが一からのスタートであった4月。私は『この子たちと最高のクラスをつくろう』と固く決心しました。新しい1年への期待に満ちあふれた子どもたちの表情を、私は今でもよく覚えています。

（中略）

そして、1年が終わります。お互いを認め合える、仲睦まじい学級であったと思います。一人ひとりが本当にすばらしい子どもたちでした。

そんな子どもたちは、同じくすばらしいご家族の皆様に支えられ、ここまで成長することができました…（後略）」

特別優れた内容にする必要はありません。

ポイントはただ1つ。

「自分の言葉で力強く語ること」です。

本気の、心からの感謝を伝えましょう。

6 「学級納め」で演出する

学級納めに「お楽しみ会」や「解散パーティー」を催すクラスは多いでしょう。しかし、なぜ行うのか、どのように行いたいのか、という根本の部分が十分に共有できていないと、単なる遊びのオンパレードで終わってしまうことも少なくありません。学年末の忙しい時期ですが、計画の段階からこだわり、充実した会にしたいものです。

私の学級では「どんな会にしたい？」と問いかけると、「思い出を振り返る会」「成長を実感できる会」の２つがよく出ます。

ねらいが共有されると、子どもたちのアイデアもねらいに沿ったものになります。例えば、「思い出を振り返る」ならば、「思い出クイズ」「思い出パズル」のような意見が出ますし、おもしろいものでは「一番心に残った授業のリクエスト」「思い出ウォークラリー（学校の要所を巡って課題をクリアする）」などが出たときもありました。

一方、ねらいを設定すると、必然的に自由度が下がりますから、「ドッジボールとかはできないんですか？　みんなで最後に思い切り遊びたいのに！」と不満を募らせる子たちが出るのも事実です。

ここは発想の転換が必要です。ドッジボールや鬼ごっこなどの、一見ねらいから外れた遊びでも、ルールを工夫すればいくらでもねらいに沿ったものに改変できます。**幅広く意見を受け入れ、それぞれの思いをなるべく満たしていくスタンスを取りましょう。**

目標（ねらい）の達成に固執するあまり、子どもたちが「楽しむ」という大前提を見失っては元も子もありません。

なるべく子どもたちが自主的に企画し、自らの手で進行していくのが望ましいのですが、最後に教師からのサプライズがあったら素敵です。

私自身、「楽器の演奏」「ビンゴ大会」「手づくりの『修了証書』をつくり、校長先生に渡してもらう」などのサプライズをたくさんしてきました。

一番盛り上がったサプライズは、「暗号謎解きウォークラリー」です。子どもたちが大喜びするので、ぜひお試しください。

暗号①

ｐｐｐ → ｐｐ → □ → ｍｐ → ｍｆ → ｆ → ｆｆ → ｆｆｆ

□の場所へ行け！

●「暗号謎解きウォークラリー」のやり方

⓪校内の4～5か所に、グループ分の暗号カードをそれぞれセットしておく。封筒にはグループの番号を明記しておく。

①スタートは教室。グループごとに上のような暗号文書を配る。暗号を解くと、次に行くべき場所がわかる（上の図の暗号の答えは『ピアノ（ｐ）』）。次の場所には、あらかじめ次の暗号文書がセットされているので、それを解いてさらに次の場所へ行く。

②グループごとに校内を巡る。その間、教師はこっそりゴール地点へ移動する。

③私の場合は、ゴールを屋上に設定している。屋上の扉に難しめのなぞなぞを貼っておき、解けたグループだけがゴールできる（なぞなぞを設置しておくと、着くのが早いグループへの時間調整になる）。
※制限時間を設け、終了したら途中でも教室に戻るよう指示しておく。
※グループ数が多い場合は、時間差スタートなどの工夫があるとよい。

なお、グループになって学校を巡るので、学年の先生との打ち合わせや当日の教室の使用状況の把握などは事前に済ませておきましょう。

校舎内でできない場合は、校庭を利用するとよいかもしれません。その方が見通しもよく、安全に進められます。

最後になりますが、私がサプライズで必ずやるのは「子どもたちへの最後のメッセージを読み上げること」です。

最後の保護者会と同じく、全力で子どもたちにメッセージを伝えます。

学級納めの最高の演出で、教師の「本気の言葉」に勝るものはありません。

正真正銘、「学級納め」が最後の機会です。
二度目はありません。
ぜひ思いの伝わる「学級納め」になるよう、工夫してみてください。

1年間崩れないクラスをつくるためのお役立ち書籍

●山中伸之『この一手が学級崩壊を防ぐ！　今日からできる学級引き締め&立て直し術』（明治図書）

4月には引き締まっていた学級の空気が、だんだんゆるんできたと感じたときに読みたい1冊。言葉遣いが少し悪くなった、授業中の挙手がやや減った…など、生活面から人間関係まで、学級の小さなほころびへの具体的な対応策が満載です。

●山中伸之『学級会からペア学習まですべておまかせ！　話し合いができるクラスのつくり方』（明治図書）

話し合いが上手な学級は授業も学級経営もうまくいきます。本書の優れている点は、話し合いができるようになるためのスキルアップ方法が具体的に示されていることです。その他にも「意見を噛み合わせる方法」など、話し合いに必要な技術が具体的に学べます。学級の力を底上げしたい6月〜9月にぜひ読みたい1冊です。

●多賀一郎『ヒドゥンカリキュラム入門　学級崩壊を防ぐ見えない教育力』（明治図書）

本書でも触れた「ヒドゥン（かくれた）カリキュラム」について詳しく学べる1冊です。「同じことをしているのにうまくいかないのはなぜ?」という問題に、明確に答えてくれます。直接的には見えにくい「潜在的教育効果」が大きく影響してくる6月〜9月に必読です。

●**多賀一郎『学級づくり・授業づくりがうまくいく！ プロ教師だけが知っている50の秘訣』（明治図書）**

「プロ教師とはなにか」「子どもとはなにか」「学級はどうあるべきか」という原則論から丁寧に示されています。教師としてレベルアップしたい方はもちろん、これから教師を目指す人にもおすすめです。春休みや夏休みを利用して、じっくりと読みたい1冊です。

●**向山洋一『授業の腕をあげる法則』（明治図書）**

教師ならだれもが読んだことのある…といっても過言ではない名著です。ここに示されている「授業の原則」は授業論において〈不易〉になりつつあります。どの学年、どの授業形態にも当てはまる授業の基礎基本が記された1冊です。

●**堀裕嗣『よくわかる学校現場の教育心理学　AL時代を切り拓く10講』（明治図書）**

アクティブ・ラーニングを具体的に機能させる手法だけでなく、アクティブ・ラーニングが求められた時代背景、学校の「今」という時流の読み方まで学べる1冊です。また「（教師としての）メタ認知」についても深く論じられているので、自分自身を見直したいときにも役立ちます。

●野口芳宏『教師のための発問の作法』（学陽書房）

授業の成否は発問で決まります。しかし、発問をつくるのは難しく、それを機能させるのはもっと難しい…そんな悩みに答えてくれます。学校生活の大半は授業です。授業づくり、授業技術の基礎基本が学べますので、ぜひ4月のうちに読んでおきたい1冊です。

●野口芳宏『教師のための叱る作法』（学陽書房）

多くの教師（特に若手教師）が困っているのは、実は「ほめ方」ではなく「しかり方」です。本書は「どのように子どもをしかったらいいのかわからない…」という悩みに明確に答えてくれます。

●土居健郎・渡部昇一『「いじめ」の構造』（ＰＨＰ）

この本はいわゆる「教育書」ではありませんが、日本という社会、そこにある「いじめ」の構造という病理について深く学べます。時代背景、他国との比較、いじめの克服方法など、わかりやすく丁寧に書かれています。学級内のいじめ問題は他人事ではありません。ぜひ事前に読んでおきたい1冊です。

●東井義雄『子どもの心に光を灯す』（致知出版社）

「日本のペスタロッチ」と言われた東井義雄先生の名講話集です。教師はなにをするべきか、教師はどうあるべきか…温かなエピソードを基につづられています。教師観を磨きたい方はもちろん、教師であることに疲れたとき、悩んだときに心に火を灯してくれる1冊です。

おわりに

最後まで本書をお読みくださり、ありがとうございました。

いかがだったでしょうか。

中には、「(内容が)ちょっと固すぎる」「ちょっと古すぎやしないか」と感じた方もいらっしゃるかもしれません。今回の改訂で学習指導要領は新しい教育観に大きく舵を切りますし、時代や社会の教育に対する要請も、昔を考えればかなり流動的になりました。

そんな中で、この本は〈不易〉に軸足を置いて書いています。

何の〈不易〉か。

それは、「リーダーシップ論」です。

リーダーシップ論は、古今東西共通なのです(試しに、書店に並んでいるリーダーシップ論を数冊流し読みしてみてください。ほとんど同じ内容であることに気づくでしょう)。できる教師は、これを自然に、あるいは学んで身につけています。その「下地」があってこその「実践」なのです。

一方、これまでの人生経験でリーダーシップ論を学んでこなかった教師は、教育論や授業技術以前に、「集団を率いる」という意味での学級経営論を学ばなくてはいけません。教室でリーダーシップを発揮できなければ、あなたの理想の教育論も授業技術も展開できないからです。

私は教育に関して、３つのポリシーをもっています。

①〈流行〉に絶えず敏感であること

②（その中で）〈不易〉をしっかりと押さえること

③（常に）〈理念〉をもち、自身の人間性を高めること

私は以前、①ばかりに流される教師でした。②、③の部分にまったく気づかず、どうして自分がうまくいかないのかもわからない、という有様でした。

そんな私を変えたのが、野口芳宏先生、山中伸之先生との出会いでした。特に、師匠である山中伸之先生との出会いは、私の教育観を大きく変えました。

「（私は）絶えず子どもたちの10年、20年後に責任をもつつもりでやってきた」

この山中先生の言葉を聞いたとき、私は強く自分を恥じ入り、しばらく茫然自失としてしまったことを今でも覚えています。

もう一人、私が師匠と同じく尊敬しているある先生からの言葉です。

「先の長い、若い君にだからこそ言う。子どもたちは『先生の授業がわからない、わからない』と言って苦しんでいるんだよ。その声が聞こえないか？」

そのころから、私は「教育ってなんだろう…」と深く考え始めました。〈流行〉の教育論、実践だけではなく、〈不易〉という王道を学ぶための古典、〈理念〉を磨くための修養…と腰を据えて学ぶようになりました。

出会いこそが人を変えるのです。

そして、出会いだけでなく、すべての言葉、すべての出来事にも必ず意味があります。

今、もしあなたが苦境に立たされているのだとしたら、それにも必ず意味があるのです。

どん尻教師だった私が言うのだから、間違いありません。

人間は一生のうち逢うべき人に必ず会える
しかも、一瞬早すぎず、一瞬遅すぎないときに
しかし、うちに求める心なくば、眼前にその人ありといえども、縁は生じず
（教育学者　森信三）

私が出会った大切な教えの1つです。出会いは人生の宝です。

師匠である山中伸之先生、サークルの仲間たち、職場の先生方、子どもたち、保護者の方々、愛する家族…。この場を借りて、お世話になった皆様に深く感謝申し上げます。

また、はじめて本を書く私に、一からノウハウを指導してくださった編集の矢口郁雄さんに改めて感謝申し上げます。本当にありがとうございました。

本書が若手からベテランの先生まで、「明日の学級をよりよくしたい！」と志を同じくする先生方のお役に立てることを祈りつつ、あとがきとさせていただきます。

2019年4月

須永　吉信

【著者紹介】

須永　吉信（すなが　よしのぶ）

1986年生まれ。群馬大学教育学部卒業。

栃木県・小山市立寒川小学校勤務。おやま教育サークル代表。

「授業道場野口塾」青年塾生。山中伸之氏に師事。

サークルの理念「良いものは良い　良いものは続く　良いものはいつか受け入れられる」をモットーに，日々授業や学級経営に励んでいる。研究分野は国語教育，道徳教育，学級経営など。

ブログ『積小教育実践記』

http://yosinobu4569.blog.fc2.com/

6月からの学級経営
1年間崩れないクラスをつくるための戦略・戦術

2019年6月初版第1刷刊　©著　者　須　永　吉　信
発行者　藤　原　光　政
発行所　明治図書出版株式会社
http://www.meijitosho.co.jp
（企画）矢口郁雄（校正）大内奈々子
〒114-0023　東京都北区滝野川7-46-1
振替00160-5-151318　電話03(5907)6701
ご注文窓口　電話03(5907)6668

＊検印省略　組版所　株　式　会　社　カ　シ　ヨ

Printed in Japan　ISBN978-4-18-281016-9

もれなくクーポンがもらえる！読者アンケートはこちらから
→